如何带孩子在游学中学习美术

RUHE DAI HAIZI ZAI YOUXUE ZHONG XUEXI MEISHU

李影 著

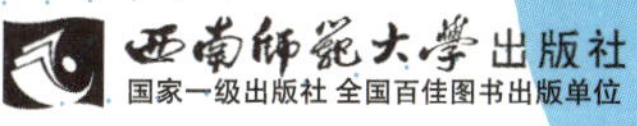

西南师范大学出版社
国家一级出版社 全国百佳图书出版单位

图书在版编目（CIP）数据

如何带孩子在游学中学习美术 / 李影著. — 重庆：西南师范大学出版社, 2019.9

（家庭美育丛书）

ISBN 978-7-5621-9805-5

Ⅰ. ①如… Ⅱ. ①李… Ⅲ. ①美育－家庭教育 Ⅳ. ①G78

中国版本图书馆CIP数据核字(2019)第195290号

家庭美育丛书

主　编：侯　令

如何带孩子在游学中学习美术

RUHE DAI HAIZI ZAI YOUXUE ZHONG XUEXI MEISHU

李影 著

责任编辑：袁　理
整体设计：郭宇飞　王正端
出版发行：西南师范大学出版社
地　　址：重庆市北碚区天生路2号
邮政编码：400715
网　　址：http://www.xscbs.com
电　　话：（023）68860895
传　　真：（023）68208984
经　　销：新华书店
排　　版：重庆大雅数码印刷有限公司・张艳
印　　刷：重庆康豪彩印有限公司
成品尺寸：210mm×225mm
印　　张：6
字　　数：155千字
版　　次：2019年10月 第1版
印　　次：2019年10月 第1次印刷
书　　号：ISBN 978-7-5621-9805-5
定　　价：45.00元

本书如有印装质量问题，请与我社读者服务部联系更换。
读者服务部电话：（023）68252471
市场营销部电话：（023）68868624 68253705

西南师范大学出版社美术分社欢迎赐稿。
电话：（023）68254657　　68254107

写给家长朋友们

侯令

家庭美育，是2015年国务院颁发的《关于全面加强和改进学校美育工作的意见》（以下简称《意见》）中提出的一项重要任务，它关系到我国每个家庭精神文明的建设，关系到国民素质的整体提高。家庭美育是学校美育、社会美育“协同机制”中的组成部分，它对学生树立高尚的审美情操，提高审美和人文素养，具有不容忽视的积极作用。

为了更好地宣传国务院《意见》精神，我们特地策划和编撰出版了这套“家庭美育丛书”，奉献给广大的家长朋友。希望家长朋友能够认真学习国务院《意见》，提高对美育的认识，对如何实施家庭美育有个初步的规划，把家庭美育落到实处，让孩子在家庭中就能感受到良好的美育氛围。

参加丛书编写的有高校和中小学经验丰富的美术教师，也有校外优秀的美术教师。为了能及时宣传《意见》的精神，大家都在极其紧张的工作之余，抽出宝贵的休息时间为丛书进行教学探索、调研、撰稿。我们共同的愿望是：通过丛书和家长朋友进行真诚的沟通，力求把美育工作、美术教育改革的成果介绍给家长朋友，让家长朋友对《意见》出台的背景有更深刻的认识。丛书有对美育理论的介绍，也有对家长们遇到实际问题的解答。同时，在丛书中我们也都会把自己从事多年美育工作的经验毫无保留地奉献出来，和家长一同分享。我们真诚地希望，这几本小册子，能够在多方面展现我国美术教育的最新成果，帮助家长朋友提高对家庭美育的认识和学习实施家庭美育的方法。

带孩子一起去感知世界、描绘世界吧！

美术作为一种特有的视觉艺术形式，记载着人类文明和文化的发展演变。

早在我国先秦时期，诸子百家就已提出“游学”这个概念，春秋时期孔子也曾带弟子们周游列国，庄周的逍遥游更是一种践行。游学，这种学习的方式，历经几千年，没有湮没于历史的长河中，它以特有的方式延续到了今天。如今，在假日里出去旅行，已经是每个家庭司空见惯的事了。那么，如何提升旅行的文化内涵和艺术情感，在游中学，在游中画，让孩子既能好好地游，又能轻松地学，本书即是诞生于这样的思考中。

在生活中，我们常常会听到家长因不具备美术的专业知识，而无法对孩子进行指导的情况。面对孩子的作品无从下手，既不知道如何评价，也不知道当孩子遇到问题时，该如何陪伴孩子发现问题、分析问题、解决问题。本书归纳了一些孩子在游学中可能遇到的情况和问题，例如：游学时孩子习惯的培养、游学孩子计划的自我拟定、家长在游学中的角色等，旨在启发家长明白如何陪伴孩子在游学中学习美术。在这里，家长要放下一种旧观念：“我不会画画，就无法指导孩子画画。”多少年来，我们好像就困顿于这句话中，而事实是，美术不仅仅是一种技法，更是一种情感的表达。我们陪伴孩子在游学中学习美术，画面的效果本身不是目的，目的是让孩子走进自然、感受自然、静心创作、表达情感。我们期待好的作品，但是，我们更应该看重的是过程，在家长的温情陪伴下，孩子全身心投入大自然里进行创作，绽放艺术的感知力，这才是真正的美育精神。

带孩子一起去感知世界，描绘世界吧！

“视界有多大，世界就有多大。”

目录

01

游学中学习美术的意义

壹 游学中学习美术的意义

旅游是现代社会人们的生活方式之一，是一种行走式的学习，也是一种愉悦的旅行。在旅行中的学习，是一种带有实践性与研究性的学习，和旅行体验相结合的校外教育活动，称为研学，也叫作游学。游学是学校教育和校外教育衔接的创新形式，是教育教学的重要体现，也是综合实践育人的有效途径。真正的学习，是源自生活，源自经验，源自视野。游学推动了实施素质教育和创新人才培养模式的步伐，引导孩子主动适应社会，促进了孩子对书本知识和生活经验的深度融合，它有利于满足孩子日益增长的旅游需求，从小培养孩子的文明旅游意识，养成文明旅游的行为习惯。美术学习需要很强的实践性，在自然美的观察与体悟中，描绘着美术的美，描绘着孩子感受到的美。旅行是美术学习的一种重要方法，自古文人先贤均以旅行的方式来实践艺术的升华。旅行中学习美术具有很强的可操作性，它对孩子眼、脑、手的协调发展有着重要的作用，不仅能充分培养孩子的观察力、感受力、思维力，而且对提高孩子的审美品位具有深远的影响。

一、游学中学习美术的意义

美术是人类文化的载体，是人类文明的结晶。

游学是世界各国、各民族文明中，最为传统的一种学习教育方式。十八大以来，《关于推进中小学生研学旅行的意见》中关于“深入学习贯彻习近平总书记系列重要讲话精神，秉承‘创新、协调、绿色、开放、共享’的发展理念，落实立德树人的根本任务，帮助中小学生了解国情、热爱祖国、开阔眼界、增长知识，着力提高他们的社会责任感、创新精神和实践能力”等，就推进中小学生研学旅行做出了系列要求。研学旅行（后面简称“游学”）丰富了新时代的教育内涵，是最具操作性的，也是备受孩子喜欢的，为孩子所接受的学习方式，它在满足孩子兴趣爱好的同时，把观察能力、协调能力、审美能力、情感表达，以及亲子游戏等融为一体。

游学中学习美术可以更好地让孩子知道怎么在生活中去寻找美，去发现美。在游学中能更好地提高孩子认识和理解美的能力，培养孩子表达美的技艺，提高孩子自身的素质，推动孩子创新意识的发展。画画是孩子的天性，游学中以美术作为学习的手段可以更好地观察、记录孩子感兴趣的事物，并能有效地引导孩子主动了解社会，适应社会，走进社会。美术的学习是一个潜移默化的过程，经过长期的艺术（美术）熏陶，孩子的气质会与众不同，他们将更加懂得生活的意义，对生活有自己的理解和更高的追求，他们能让生活更加多姿多彩。美术的审美思想，追求的是一种天然的、发自内心的纯真之美，在游学中亲近自然，放缓脚步，找到自己内心深处的那份纯真，这一点正好与美术教育不谋而合。

“行万里路，读万卷书。”游学就是这样一个过程。实践是游学的一个重要环节，但在现实生活中，当家长陪孩子在游学中学习美术时，往往表现得束手无策，缺乏耐心，缺乏审美知识，缺乏与孩子的有效沟通。陪孩子在游学中学习美术时，对孩子学习的特点与美术实践的操作方法等，家长应有所了解，在思维方式和教育理念上，家长应有较好的针对性和策略。近年，随着社会收入水平的提高，家庭对游学的需求日益增加，各地也积极探索开展了各类游学活动，并取得了显著成效，让孩子走进社会，走进自然，在促进孩子健康成长和全面发展等方面发挥了重要作用，积累了丰富的经验。

二、游学中美术学习的内容及方法

（一）游学中美术学习的内容

在游学中进行美术学习有一定的特殊性和偶然性，孩子能够亲临自然景观、文化景观，他们除了有对外界景观的新奇，放松状态下内心的愉悦外，还有突然萌发的创作灵感等。美术学习的内容丰富多彩，在游学中可以设定不同的主题，根据孩子的兴趣，有选择、有目的地进行。游学中美术学习的内容一般分为两大类：一是写生，二是美术观察与记录。写生，包括室内写生、户外写生；美术观察与记录，包括日记画、游学手账等。

写生是美术学习的重要手段，是对照客观现实的事物或景物，进行现场观察、描绘、摹写的一种绘画方式。写生的对象丰富多彩，有自然景观和人文景观，如建筑、石窟壁画、传统图案、动物、植物等。（图1–1）

图1-1 苏州的写生现场

（二）游学中美术学习的方法

陪孩子在游学中学习美术应立足于孩子的心理与生理特点，就问题与方法、实践与策略、案例与专题等展开研究，把如何陪伴孩子、帮助孩子学习美术作为家庭教育的探索方向，并付诸实践。把握孩子学习的特点与美术实践的操作方法，在思维方式和理念上找到一种边游边画、边画边学的有效途径。

孩子一般是没有耐性的，在游学中如何使孩子产生兴趣，有效地开展美术活动呢？孩子有一套自己的视觉语言，在他们纯洁的眼睛中，像与不像并不那么重要，在他们的世界里，他们画的是最符合自己感受的。孩子画画是与外界情感的交流，也是他们表现情感的最佳方式之一。在美术活动中我们常常会发现，孩子根据个人生活经历和感受，仅凭直觉画出的自己感觉到或记忆中的事物形象，他们用绘画的形式表达了自己的想法，同时训练了自己的想象力、观察力和创造力。让孩子用自己的视觉语言去表达问题，去发现问题，去解决问题，家长要做的就是耐心地陪伴孩子，老师要做的就是用美术的语言和形式美的法则去指导孩子。

三、带孩子在游学中学习美术的必要性

美术是人类文明的载体之一，它既是陶冶人类灵性的路径，又是人类诗意的栖息之所。在艺术的海洋里游弋，人类会有无限的创造力，美术不仅是创造精美的艺术作品，更是先贤智者们思想的视觉化呈现，美术可以更好地亲近人的内心，可以说它是抚慰心灵的良药。在游学中学习美术，是轻松而愉快的，不仅是不同学科知识的交融，而且是一个没有围墙的课堂。培养孩子在游学的过程中发现美、观察美、体验美、创造美，使孩子养成艺术化的审美习惯，拥有良好的审美素养，把感知美术的世界，变成一种内化于心的学习，从而帮助孩子树立良好的人文情怀。由此看来，游学是连接社会教育和家庭教育的桥梁，它可以带领孩子走进自然万物和人文天地。常言道“不去观世界，怎会有世界观”，游学是带孩子去看世界，孩子看到的世界，才是他真正拥有的世界，视界不同，世界才会不同。

图1-2 2017年“寻访古徽州文化之美”大型全国青少年艺术游学活动教师团队介绍

案例

大美古徽州，用心去感受

——2017年大型全国青少年艺术游学活动纪实

陈雷

每当孩子身处画室安静画画的时候，也是我内心最安静的时候。多少次孩子的驻足观察，多少次孩子的稚嫩可人，多少次孩子的斑斓创作……都是那么美好，那么纯净，那么动人！我们总是“繁忙”，在“繁忙”中错过了很多美好的东西，可这一切对于孩子，就会慢下来。我教会他们用心去体验美，感知万物生命的力量。

2017年暑假，在与几位志同道合的兄弟的共同努力下，2017年“寻访古徽州文化之美”大型全国青少年艺术游学活动启动。带领着来自全国各地的300多位孩子和老师，我们画呈坎古镇、登齐云山、游新安江，进行大地艺术活动，完成了百米长卷大型创作……这一切，都希望在我们的努力下，孩子能真正通过游学活动，发现美、体验美、感受美，把“美”变成属于自己的创造力！（图1-2）

（一）醉美呈坎古镇

中国风水第一村，融自然山水为一体，被誉为“我国明清建筑艺术活专著”，自古以来吸引了许多文化艺术名流前往探其妖娆。在这里，孩子们深入古镇的各个角落，不断用眼睛和画笔去发现它的美。在一张张杰作的诞生过程中，我们也深深地被呈坎之美所震撼。呈坎，我们寻美之旅开始的地方！（图1-3）

（二）齐云山，我们用脚步去丈量

道教名山齐云山，我们始终坚持！海拔585米的大山，在我们眼中并非那么高大，因为我们用团结的力量，用坚韧的品质，一步步登上山顶。孩子们犹如一个个小精灵在山间穿行。我们分组打擂、比赛……然而天公不作美，在登山行进的过程中下起了毛毛细雨，但这恰恰成了我们登山的理由：对于困难我们从不放弃！流血流汗不流泪，掉皮掉肉不掉队！300多人无一落下，全部登顶成功！（图1-4）

图1-3左
寻访呈坎古镇
的历史典故

图1-4右
孩子们登上齐云山

（三）新安江山水画廊之旅

“东方的多瑙河”——美丽的新安江山水画廊，我们来啦！大美新安江，“高山林，中山茶，低山果，水中鱼”。游在江中，我们尽情欣赏；美在眼中，我们用心品味；爱在心中，我们彼此相扶。独特的徽文化与自然风光游览体验，让我们流连忘返。新安江是明清著名画派诞生的地方，这里走出了誉满华夏的弘仁、黄宾虹等绘画大师。

图1-5 师生共同编导的一台化妆舞台剧《森林之王》

（四）丰富的活动，让孩子尽情地体验

活动的意义在于我们的发现和参与，丰富的活动，会使人流连忘返，与来自全国各地的小伙伴们一起玩耍、一起学习、一起进步，是游学活动赋予我们最大的收获和感动。化妆舞剧、群体表演，在这里，我们不分彼此；在这里，我们亲如家人；在这里，我们用爱共生。（图1–5）

（五）大地艺术创作

将大地艺术融入美术游学中，我们是第一次。大地为布，天空为眼，我们在这片神奇的土地上挥洒着艺术创作的激情。孩子们的每一笔颜色，每一根线条，都是对古徽州文化之美最大限度的热爱。大地之母，请你张开双臂拥抱这群可爱的精灵吧！

（六）百米长卷艺术创作

雄伟气势的古徽州文化主题的百米长卷，为这次大型游学活动画上了完美的句号。丰富跳跃的色彩，激情澎湃的灵感，艺术创作之中的孩子们是天真、烂漫、活泼、可爱的，这更显示了艺术作品的纯真之美。那一幅长长的画卷（图1–6），寄托了孩子们对古徽州文化的情感与热爱，承载了孩子们对美的诉求。在此次以徽州文化为主题的游学中，以美术作为切入点，深深地融入了孩子们对“美”的体验和对“爱”的理解。另外，还有孩子们的户外大型地面彩绘创作。（图1–7）

图1-6
孩子集体创作的百米长卷

（七）点滴回忆，你我同行

回顾古徽州游学：下河捕鱼、古城寻宝、参与电影排演、体验当地风俗文化、讨论你眼中的徽州……每一份美好都将是孩子们童年中珍贵的回忆。

游学不仅是生活中的经历，而且是一种感受，是人生难得的一次体验。人生如树，从一颗小小的种子长成一棵参天大树；岁月如歌，从一手即可拥入怀中的婴儿成长为保护家人的勇敢斗士。我们不期许岁月暂驻，只祝愿以后的日子幸福与快乐常伴。（图1–8）

图1-7 孩子集体创作的大地彩绘

图1-8 2018年“寻访古徽州文化之美”游学活动集体合影

02

美术游学的理念与方式

贰 美术游学的理念与方式

一、美术游学的理念

在中国传统文化的历史长河中，“游学”可以追溯到两千多年以前。史学家吕思勉曾经考证过游学的历史：“游学”二字见《史记·春申君列传》曰，“游学博闻，盖谓其因游学所以能博闻也”。首先提出游学概念的是先秦的诸子百家，孔子曾带领弟子周游列国进行治学，著名画家郭德福所画的《孔子周游列国途中讲学图》就是表现孔子带领弟子游学的场景。庄周更是自由自在地逍遥游，游学一方面使他得以拜访名师、通晓经术，另一方面也促进了文化交流。可见儒家、道家等学说的奠基与形成无一不和游学有密切的关联。从史料来看，游学在春秋时期就开始盛行，此后各代都有游学的现象。

游学中的美术学习是一种行走体验式的美术教育，美术教育的主要目的在于培养孩子的创造力和美的情操。在美术学习的过程中，让孩子心灵深处的某种心像，通过思考用自己独特的方法与形式表达出来，这就是一种创造力的培养。美的情操蕴藏了孩子的情感，孩子的纯真能最直接地感受到美的东西，并以真诚的心去领悟一切美。游学能极大地促进孩子的全面发展，让孩子走进自然，走进生活，走近困难，反思解惑，他们在体验中成长，他们在挑战中树立信念，他们在绘画中感知生活的点点滴滴，感知自然的花花草草。“一花一生活，一画一灵犀。”

作家余秋雨在《文化苦旅·自序》中这样写道：“我发现自己特别想去的地方，总是古代文化和文人留下较深脚印的所在，说明我心底的山水并不完全是自然山水而是一种‘人文山水’。这是中国历史文化的悠久魅力和它对我的长期熏染造成的，要摆脱也摆脱不了。每到一个地方，总有一种沉重的历史气压罩住我的全身，使我无端地感动，无端地喟叹。常常像傻瓜一样木然伫立着，一会儿满脑章句，一会儿满脑空白。我站在古人一定站过的那些方位上，用与先辈差不多的黑眼珠打量着很少会有变化的自然景观，静听着与千百年前没有丝毫差异的风声鸟声。心想，在我居留的大城市里有很多贮存古籍的图书馆，讲授古文化的大学，而中国文化的真实步履却落在这山重水复、莽莽苍苍的大地上。大地默默无言，只要来一二个有悟性的文人一站立，它封存久远的文化内涵也就能哗的一声奔泻而出；文人本也萎靡柔弱，只要被这种奔泻所裹卷，倒也能吞吐千年。结果，就在这看似平常的伫立瞬间，人、历史、自然浑沌地交融在了一起，于是有了写文章的冲动。”

从上面这段话可以看出，游学不是单纯的游，也不是单纯的学，而是通过游历感知社会、感知自然、感知宇宙万物的生息，感知生命的美好。游学是一种人生的体验，是一种走进自然、走进风土人情、走进异域文化的学习，游学更是一种对孩子自我管理及独立性的锻炼，是一种同伴交往的学习，是一种行走中的教育。在中国古代，游学是比较常见的教学方式，分为教师周游讲学和学生外出游学两种。孔子、孟子、荀子等大教育家都曾在周游列国中教育学生，对古代各大学派的教育家来说，周游讲学是他们传播自身教育思想的方式之一。

二、美术游学的方式

当代社会中，针对孩子的游学大致分为两大类，一种是语言类的游学，是以学习语言为主的，例如在游学的过程中学习英语、日语、韩语、泰语等，其中以英语游学最为广泛。这类游学有的在国内进行，但更多的是去国外学习，感受当地的文化，培养孩子的国际视野。另一种是特色专业游学，是以学习某种专业为主题的活动，如艺术游学，以美术、戏剧、音乐、舞蹈等专业交流学习为主的实践活动。

一般来说，游学的方式和理念是相辅相成的，理念决定着采取什么样的方式，方式也呈现着不同的理念。笔者认为，就国内目前的各类美术游学而言，大致可以分为两大类：一类是以美术创作和欣赏为主的游学活动，这类游学旨在围绕一定的主题进行美术创作，如写生活动，写生活动是最常见的美术游学形式，它主要是对专业绘画技法的练习和深入风土人情体验生活的学习。也有围绕一种艺术主题参观游览的学习，如以动漫为主题，去日本看动漫展，如吉卜力工作室、京都国际漫画博物馆等。另一类是以生活教育或自然教育与艺术活动相结合的游学。这类游学会在美术活动开展的同时，扩展到生活技能、团队协作、生存技能、灵性感知等多个领域的教育，这类游学往往是团队活动，会由主办方精心策划。还有一些游学，会以“浸入式”的方式，去美国、加拿大、澳大利亚、新西兰等国家插班到当地学校读书，进行短期的学习，在周末进行艺术活动，如参观当地大学的艺术学院、美术馆、博物馆，及进行风景写生等，这类游学既满足了孩子对语言和当地历史文化的学习需求，又进行了艺术活动，很受孩子的欢迎。如果是以家庭为单位的游学，可以由家长来设计游学的主题和侧重点，家长可借助网络准备一些攻略，把网上的建议、自己家庭的需求及自己对孩子的游学规划三者结合起来，这样更容易实施和操作。

下面介绍了一些比较有代表性的游学案例，我们可以通过这些各有特色的案例，比较全面和清晰地了解如何在游学中学习美术。

案例1

麦积山石窟游学记

韩琦

台湾著名作家龙应台在《孩子你慢慢来》中描绘了一幅如诗的画面："我，坐在斜阳浅照的石阶上，望着这个眼睛清亮的小孩专心地做一件事：是的，我愿意等上一辈子的时间，让他从从容容地把这个蝴蝶结扎好，用他五岁的手指。孩子你慢慢来，慢慢来……"这样的心境是我们每一位儿童美术教师所追求的。教育需要欣赏，需要聆听，需要宽容，需要赞扬，更需要耐心等待。教育是"慢"的艺术，花开静美，等待花开的过程更美。

我喜欢静静地看着孩子作画，他们用稚嫩的画笔画出斑斓的世界。孩子们与生俱来地善于观察，喜爱自然。繁忙的生活常常让我们忘记放慢脚步，去发现和欣赏身边的美好。我们来自自然，也属于自然，我们自身与自然息息相关。大自然是孩子最好的老师，没有孩子不爱树林、池塘、野花和小鸟的。我喜欢带孩子去亲近大自然，自由奔跑在田野间，聆听风的声音，嗅闻青草的味道；我喜欢带孩子去森林，听鸟语虫鸣，分辨各种草木，让孩子去感受生命的意义。

自然是一朵花，散发香气，让你回味无穷；自然是一株草，昭示生命，让你感慨万分；自然是一帘瀑布，飞流直下，让你有无限遐想。亲近大自然，除了能让孩子身体更健康外，对他们认知能力的提高也有所帮助，绿色的空间有利于提高孩子的学习能力、观察能力、专注能力。亲近大自然，不仅可增强孩子的体质，拓宽孩子的视野，也能激发孩子"亲家园、爱发现、乐描绘"的积极情感。自然是需要我们去闻，去听，去看，去感受，去品味的。

2017年暑假，我带着孩子们一路向西，来到麦积山石窟，欣赏泥塑艺术，感受原生态的自然风情。我希望通过孩子们天真无邪的眼睛，去发现它的美，传播它历史悠久的文化。我更希望家长们能通过亲子活动，与孩子们一起发现美、创造美。

（一）参观汉唐陶艺

陶是土的艺术、火的艺术，更是人生的艺术。从距今8000多年的大地湾文化到"东方雕塑馆"麦积山的精品塑像都在这里汇聚，这里是我们梦想开始的地方。（图2-1）

图2-1左
孩子参观麦积山石窟下的天水汉唐陶艺馆现场

图2-2右
游学中孩子留影

（二）个性门贴

和阳光的人在一起，你会变得豁达；和暖心的人在一起，你会倍感温暖。那些温馨的话语，让世间的一切都变得柔软。在这个属于自己的专属空间里，孩子们用门贴谱写着自我宣言："感谢在最美的地方遇见你！""跟你们在一起的每一天都很有趣！""我爱夏令营，Happy最重要！"看着这些初夏般明媚的宣言，仿佛我自己也回到了童年。孩子们用小小的门贴传递温暖，结识好朋友。愿每个孩子都如他们这般热情洋溢，对未来充满憧憬。（图2–2）

（三）设计队旗

生活就像一首美妙的乐曲，独奏、合奏各展风采，飞扬出美妙的旋律。要弹奏好生活的乐章，就要学会协调、合作。队名、队旗则是这个乐章中的主旋律，它将孩子们融入互帮互助的良好氛围，在团结合作中感受群体的力量，体会成功的喜悦，这有助于孩子们形成开朗、活泼、勇敢等积极的良好性格。通过合作，互相交流，互相启发，互相帮助，弥补个人知识的不足，从而获得更多的知识，提高孩子解决问题的能力。（图2–3）

（四）最爱陶艺

陶艺是“思维在手尖上的跳动”。玩泥巴是孩子的天性，当孩子手中握着一团泥，对他们来说是多么轻松和愉快。造型在大脑和指尖中跳跃，一捏、一划、一拍，每一个简单的动作里面都包含着孩子们不一样的创造性思维。自己动手，或拉坯，或捏塑。质朴与随意并存的泥条盘筑，实用与审美相融的泥板成型，以及色彩艳丽的陶瓷彩绘，无不带给孩子们惊喜和欢愉。孩子们看着一件件作品从自己手中诞生，它们带着泥土的味道，更透着个性与灵动。（图2-4）

（五）麦积山写生

我们翻山越岭，用自己的脚步丈量世界；我们跋山涉水，只为寻找最美的一幅画面；我们要把美景画出来，留住美景，留住回忆。闻名遐迩的麦积山就在我们面前，我们感觉它是那么的雄伟壮观，每一个前来瞻仰的人总会有无限的感慨。孩子们在老师的指导下构思、描绘，一幅幅透出纯真与稚拙的画作应运而生，不仅给孩子留下了美好记忆，还让孩子经历了美的体验。（图2-5至图2-7）

图2-3左
孩子设计和制作队旗现场

图2-4右
孩子正在制作属于自己的陶艺作品

图2-5左
孩子在麦积山脚下写生

图2-6中
麦积山写生（李宜轩11岁）

图2-7右
麦积山植物园瀑布写生（李行健10岁）

（六）田间地头

大人们总说现在的孩子是温室的花朵，孩子也想野蛮生长，可家长总说“这个别动”“那个不卫生”……孩子想知道茄子、辣椒、西红柿是怎么种出来的，孩子也想感受泥土的芬芳，认识大自然的壮观。在生机盎然的向日葵地里寻找凡·高的色彩，在蔬果园里，果实个个饱满，我们亲自采摘、品尝，将不同的植物叶子做成标本书签。如此寓教于乐，不是比枯燥乏味的教室有趣多了吗？看着满满的收获，我们满是欢喜。吃饱了，摘累了，就坐下来休息片刻，再把眼前的场景记录在画册里，享受难得的惬意时光。（图2-8至图2-13）

（七）稻草人——麦田的守护者

叶圣陶先生在他的童话故事《稻草人》中描绘了静静守望的稻草人：“田野里白天的风景和情形，有诗人把它写成美妙的诗，有画家把它画成生动的画。到了夜间，诗人喝了酒，有些醉了；画家呢，正在抱着精致的乐器低低地唱；都没有工夫到田野里来。那么，还有谁把田野里夜间的风景和情形告诉人们呢？有，还有，就是稻草人。”是啊，守望着成熟、守望着希望、守望着未来，就像爸爸妈妈守护孩子一样。守护着孩子们成长，守护着孩子们的梦想，我们能做的就是耐心地陪伴、帮助与静静地守望。（图2-14）

图2-8左上
孩子正在采摘麦积山脚下蛟龙寺庙里种的无公害蔬菜

图2-9左下
孩子坐在向日葵地里写生，体会大师凡·高作画的感受

图2-10右上
西瓜写生
（杨思语）

图2-11右下
向日葵写生
（邢元春）

图2-12左
辣椒写生
（李行健10岁）

图2-13右
茄子写生
（曹芮宁）

图2-14
麦田中的守护者——稻草人

图2-15
“爱心传递”夏令营作品义卖活动现场

（八）爱心义卖

一场爱心义卖——21位孩子的21幅作品，筹得了7020元善款，全部款项捐赠给了贫困山区的孩子们。“和你在一起”让我们接棒前行，将爱心传递下去，赠人玫瑰，手留余香，孩子们用他们的画笔和行动，唤起了人们内心的美好和善良。2018年让我们在一起！（图2-15）

案例2

唤醒感知——自然艺术游学探索

丁海斌

随着社会的发展，游学作为一种教学形式，越来越引起人们的重视。通过游学，我们不仅希望孩子能提高绘画技能，还期望孩子的身心能得到自然的滋养和文化的熏陶。每次游学都是针对全国各个城市的孩子，年龄为7~12岁，游学的总人数通常为20人左右。我试图通过教学实践，运用艺术的探知方式，唤醒孩子的感知，去寻找一条在自然中使家长与孩子共同成长的道路。

通过实践和观察，我发现在自然环境下成长的孩子性格普遍活泼开朗，孩子们的作品也充满野性和活力。老师长期在室内进行课堂教学，美术教学容易偏重知识技能的传递，孩子缺少整体感官的切身体验。另外，由于电子产品慢慢代替了自然游戏，孩子们越来越远离自然。从孩子的身心发展来看，他们缺少与自然相处的时间，缺少对空气、阳光、泥土、河流、植物等全身心认知和体验的机会，孩子的视觉、听觉、嗅觉、味觉、触觉等感官的协调和发展被忽视了。基于上述认识和思考，我想艺术游学可以解决这些问题。

（一）游学的方法

1. 整体结构设计

一是游学开始前的游学仪式。老师做游学的主题介绍、游学课程、行程计划、游学要求、生活安排、安全注意事项等，让孩子在心中有一定的仪式感。

二是在游学中，老师每天观察和记录教学内容、实施过程、教学体会、孩子的游学表现等，并以图片和视频的方式跟踪记录游学的过程。同时，要求和督促孩子每日对游学做绘画日记，要求家长图文记录并及时写游学感悟。

三是游学结束前，老师与家长进行游学教育座谈。老师带领家长与孩子共同布置画展，举行游学画展仪式，对游学中每个孩子的绘画作品和生活表现做出总结。

2. 教学方法设计

一是观察法，在游学中对情景、内容事件等做观察记录。

二是以绘画写生手段为主的教学方式。

三是移情式教学法，通过语言调动，引发孩子情感的联想，激发孩子的绘画表达能力。

四是体验式教学法，在自然中增加孩子的感官体验，在感受的基础上激发孩子进行绘画创作和构建，增加孩子对生命的理解和认识。

（二）游学的内容

1. 观察——写生的表达

对植物、花卉、石头、河流、房屋、造像等自然形象进行观察与写生。

2. 行走——记忆的表达

山林、矿山、田野行走后的记忆，以日记形式记录游学的感受。

3. 游戏——游学中的释放

沙滩城堡搭建游戏后的绘画表达，垒石头游戏后的绘画表达，静坐的感受描述，自然敲击节奏后的感受描述，身体雕塑游戏的感受描述等。

4. 身体的表达——行动绘画

用身体模仿生长中的玉米造型、荷塘里荷花的姿态，以集体长卷涂鸦式进行绘画表达。

5. 行为习惯——成长的觉察

吃、穿、住、用、行等生活自理能力、安全意识、合作意识、情感能力等。

6. 地方资源——文化的浸染

博物馆、石窟造像、民族建筑、非遗传承，如纳西古乐、甲马等。

7. 家长座谈——理念的碰撞

一是有关家庭教育的探讨，二是有关游学的收获与体会。

以下是我游学实践探索的案例：海滩游戏与绘画表达

（1）课题目标

①通过游戏，让孩子真正融入自然的怀抱，促进孩子情感的发展。

②探讨感受与绘画表达之间相辅相成的关系。

（2）活动准备

沙子、海藻、小桶、铁锹工具、笔墨纸砚等。

(3) 活动过程

①海滩游戏阶段，老师将孩子进行分组，引导孩子去发现并运用沙子、海藻、石子等自然物，在沙滩上就地取材做搭建的游戏。有的小组合作得比较好，有的小组缺少合作意识，有的孩子会游离于游戏之外。(图2–16至图2–18)

②老师要及时发现并调整出现的问题，如对一些孩子的鼓励与表扬，小组间的相互激励，激发孩子对游戏的热情，观察孩子在游戏中的个人表现、合作意识等。老师引导孩子进行合作构思和游戏的场景创设，接下来孩子再进行水墨表现。(图2–19、图2–20)

③在孩子游戏体验完成以后，回到工作室里，引导孩子叙述分享在游戏中“有趣味”的事情，以及遇到的困境和存在的遗憾。根据在海边的游戏活动，还原搭建活动场景，以2~3人协作进行创作。(图2–21)

图2-16左上
孩子们用沙子做城堡

图2-17左下
孩子们以海藻为材料做城堡

图2-18右
孩子们搭建的海藻城堡

④老师引导孩子用“符号”元素在画面中的重复运用，如人物、海藻、沙滩、工具、城堡、游戏内容等。孩子们根据游戏的体验，可以自由组织、创设不同的自我表现符号，展开水墨的情景表达。（图2-22）

⑤老师以还原场景感受的方式，启发孩子调节画面的疏密关系，调动孩子表达的兴趣，并引导孩子运用2~3种颜色，对画面进行渲染。

（4）教学总结

游戏过程中，老师要让孩子全身心投入游戏的乐趣之中，放下绘画的想法与负担。游戏既能锻炼孩子的性格与合作意识，又能调动孩子游学的乐趣，增加感受和创作的动力。

图2-19 孩子们正在用水墨表现搭建活动

图2-20 孩子们用水墨表现的搭建活动作品

图2-21 水墨创作 （周锡恺10岁、张奕鸽10岁）

图2-22 水墨创作 （董力维10岁、崔艺珂10岁）

03

美术游学的前期准备和后期总结

叁 美术游学的前期准备和后期总结

美术游学前的准备与游学后的作品整理是美术游学过程中的重要环节。游学前的充分准备可以对美术学习起到很好的促进作用，能使孩子在学习中时刻保持愉快的心情，更深入地融入美术活动中。美术游学后对作品的整理与展示可以对孩子的美术学习起到认可与鼓励的作用，也是一次很好的总结。

一、美术游学前的准备

美术游学前的准备包括计划方案、美术赏析、美术材料，以及把握孩子的心理、激发孩子的兴趣等环节，并要根据游学的目的与设想来准备功课。一般来说分为两大类：一是美术欣赏，就是对游学的地域文化、代表性建筑和景物的了解，以观赏为主，比如博物馆、美术馆等的游学，都是以游览学习为主，由于时间的关系，在现场作画的并不多，孩子往往会用日记画、手绘游记等形式来记录和描述参观的情景。二是美术创作，一般是对自然景观、人文环境的写实或写意的表现，也就是我们通常说的美术写生。带孩子在游学中学习美术，尤其是写生，要做好指导孩子的心理准备，要激发孩子对写生的兴趣和信心。

美术游学前的准备是因人而异的，可以根据自己的需求来设定和选择，大致有以下四个方面。

第一，游学前目的地的选定，收集当地的相关资料，选择好游学的景点路线。如果计划现场写生，要事先做好功课，现在网络信息资源非常丰富，查找相关信息，以确定写生地点。手绘游记方面的创作，可以对每一景点的代表处拍照留影，以作为绘画游记的参考。

第二，团队的美术游学和家庭的美术游学。团队的美术游学一般会由学校或美术机构组织，作画的材料也会统一准备。以家庭为单位的美术游学一般会准备画夹、画纸、记号笔、彩色水笔、油画棒、中性水笔、彩色铅笔等。当然，也可以根据自己的个人喜好来选择，小学低年级及幼儿阶段的孩子适合带彩色水笔、油画棒这类方便携带和抓握的画笔，小学中高年级的孩子可以选择用记号笔、中性水笔等画风景、人物，并进行建筑速写。当然，喜欢画国画的孩子可以带上国画的颜料、纸张和毛笔；喜欢画油画的孩子可以带上油画箱、绷好框的油画布、油画笔、油画颜料、调色油等。

第三，游学中参观博物馆、美术馆，以及有鲜明地域特色的场馆，比如徐州汉画像石艺术馆、敦煌莫高窟、三星堆博物馆等，可以从多个角度、多种绘画表现形式进行创作。

第四，设计并制作作品分析卡，记录绘画的感受和感想。这个分析卡可以从两个角度来做记录，一个是记录参观作品后的感受，另一个是记录创作时的感受。

二、美术游学后对作品的整理与展示

游学后作品的整理，是对游学过程的总结，通常来说，游学后的作品整理有以下三种形式。

第一，游学游记的手绘册子，可以用空白速写本表现，也可以用画纸装订成册，是一种很好的作品整理展示的形式。它既能记录游学参观的路线和过程，又是一种创新的创作方式，在绘制中版式设计也可以丰富多样。

第二，游学美术作品的展览，以作品展的形式呈现，作品在一定的场域里集中展示，很有气氛，且能体现对孩子在游学中美术活动的肯定与鼓励。团队美术游学中可以由学校或其他机构，选择相应的场馆进行集体展览；家庭美术游学可以在家庭内部相应的区域进行集中展示，并邀请家人朋友来观赏。

第三，随着信息时代的普及，微信成了每个人生活圈的一部分，把孩子的游学作品制作成微信帖或美篇帖，也是一种很好的游学游记图文并茂的展示过程。

三、美术游学过程的建议

美术游学的目的就是让孩子用艺术的眼睛观察自然美，欣赏自然美，感受自然美，并学习将“自然物象”升华到“艺术美象”，应用多种绘画材料，创作出大胆、自信、独特的美术作品，提高其绘画表现力，丰富绘画语言，积累物象造型，从大自然中汲取营养。通过美术游学，让孩子学习适应集体生活，锻炼生活自理能力，养成良好的生活习惯，培养快乐、自信的人生品格，接受异域文化的熏染，提高民族文化认知与文化自信。

带孩子出行游学，有着丰富带队经验的侯斌老师有以下几点建议：首先，带队老师要对游学地点进行实地考察，目的是对游学地点、时间、参与人员、活动内容等进行有针对性的安排。考察游学地点要从路线、交通方式、行程安全、文化特征、住宿条件、饮食习惯、风俗习惯、接待方等各种因素进行充分的了解，看是否具备游学的全面要求。其次，在实地考察的基础上，游学内容一经确认，便要开始制作详细的游学时间计划表，根据时间和地点的安排，对游学内容进行详细的设计规划，力求做到游与学的体验过程平衡进行，以期达到预设的游学目标。最后，为使游学活动安全、有序开展，整个活动要准备好详尽的文案资料，如游学时间安排及内容制订、游学景点的图片及文字介绍、游学学生信息卡、游学须知、游学相关事宜的说明（家长签字）、安全预案、摄影摄像设计要求及游学活动作品展览方案等。游学结束返回后，老师指导孩子收集整理游学作品，组织孩子根据游学集体创作大型作品，并带领孩子布置展览，将作品一一展出。（图3-1、图3-2）

图3-1
游学写生作品展示

图3-2
孩子们都在开心地寻找自己的作品

案例1

中国美术学院毕业设计展游学

顾慧慧

图3-3是为此次游学设计的美术游学招募海报，海报中有关于中国美术学院的相关信息和场馆的介绍。从徐州到杭州，在高铁上孩子们兴致勃勃地讨论游学内容。孩子们到达中国美术学院南山校区（图3-4），参观了中国美术学院包豪斯设计展（图3-5），参观了中国美术学院毕业设计展（图3-6），并在此次游学中记录和绘制了游记（图3-7、图3-8）。

图3-3左
杭州游学招募海报

图3-4中
孩子在中国美术学院南山校区合影

图3-5右
孩子参观中国美术学院包豪斯设计展现场

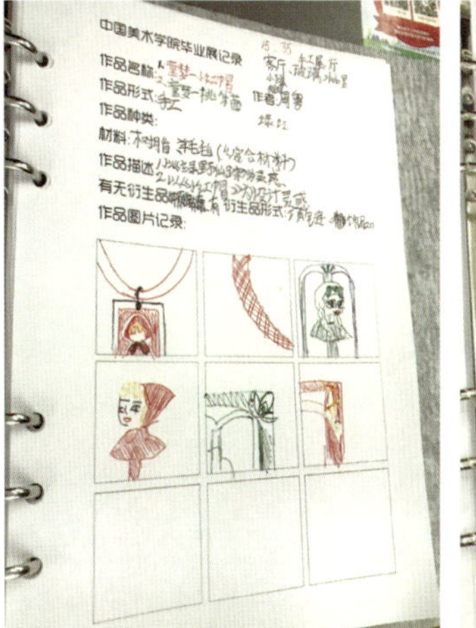

图3-6左
孩子参观中国美术学院毕业设计展现场

图3-7中
孩子在游学中记录并绘制的草图1

图3-8右
孩子在游学中记录并绘制的草图2

在游学中，孩子们通过观察自己喜欢的作品，并加以分析、记录和描绘。有些作品在老师的指导和讲解中，孩子们有了一些感性的认知与理性的了解。在本案例中，老师有目的地规划了整个游学过程，让孩子在参观中国美术学院的行程中了解高等艺术院校，感受其艺术氛围。比如：中国美术学院王澍教授荣获建筑界诺贝尔奖——普利兹克建筑奖，中国美术学院的专业设置等。

制作作品分析卡，让孩子们仔细观察自己喜爱的作品并记录相关信息，如作者、作品名称、作品材料、作品种类、对作品的描述及感想等。让孩子清晰、透彻地了解作品，表达自己对作品的理解和感受，通过对艺术作品的欣赏、记录、描述，比较完整地让孩子对一些艺术作品有更为深层的感受和探索。带着思考而来，带着问题游学，带着老师的引导和自我诠释进行游学。

这是由美术机构组织的以美术院校为主题的游学，在以家庭自助的游学中家长也可以参照这种方式，自行到一些美术馆、画展、博物馆等场馆参观，引导孩子对感兴趣的作品进行更深层次的研究、探索，甚至拓展到其他相关领域里去，以点带面地培养孩子独立的研究能力。这个研究能力不仅是对艺术学科的研究能力，而且是一个更为广泛的能力，培养孩子的细心、耐心、观察力和独立的思维能力、创造能力，以及对信息的筛选和整合能力，这些能力也正是未来孩子所需要具备的非常重要的能力。

案例2

忆敦煌游学

陈静

“敦煌在中国，敦煌学在世界。”敦煌莫高窟是我国三大石窟艺术之一，被誉为“20世纪最有价值的文化发现”，西方人称其为“东方的卢浮宫”。莫高窟还是一座名副其实的文物宝库。在莫高窟的藏经洞中出土了经卷、文书、织绣画像等五万多件文物，艺术价值极高。敦煌莫高窟历经的沧桑和文化魅力使“敦煌学”立于世界，其艺术特点主要表现在建筑、塑像和壁画三者的有机结合上。为了让孩子更好地认识和了解敦煌，我们组织了以敦煌艺术为主题的游学。2013年底我们开始着手准备敦煌学习的课程。

第一阶段准备工作

第一步，2009年由于我组织学生参观过中国美术馆的“盛世和光——敦煌艺术大展”，所以我手里留有当年的大量学习和讲解资料，及北京中小学关于敦煌艺术大展的教研会议资料。

第二步，我于2013年10月底前往敦煌学习敦煌壁画的重彩临摹，参观莫高窟及敦煌石窟文物保护研究陈列中心，与敦煌美术研究院的老师沟通，并学习。

第三步，2014年1月开始第一期的学习，内容涉及壁画、藻井、泥塑的教学课题，安排孩子在完成课题之后，才能参加敦煌游学活动。

第四步，2014年清明节我组织孩子去山东省青州市参观青州博物馆，重点是佛造像，让学生了解什么是青州式样，在此之前我已经完成了对中国佛造像资料的搜集和整理工作。从青州佛造像开始慢慢着手，孩子看到敦煌雕塑会更容易理解。（图3-9）

第五步，2014年“五一”三天假期，我带领学生赴山西游学，重点参观了山西博物院、晋祠博

图3-9左
参观青州博物馆，描绘认识、了解的早期佛造像

图3-10右
孩子参观隆兴寺佛造像壁画写生临摹现场

物馆和双林寺。当时在山西博物院正好有一个佛造像展。有同学们熟悉的青州式样，也有公元1世纪到3世纪的古犍陀罗造像和公元4世纪到6世纪的笈多时期佛造像。山西博物院之佛风遗韵常年陈设展，主要是从北朝早期佛教造像高鼻深目、薄衣贴体的异族面貌逐渐到中后期的“瘦骨清像”，再到唐宋鼎盛，最后到明代的一个展示过程。古犍陀罗造像和笈多时期佛造像再加青州式样，配上唐代敦煌佛造像和山西宋代彩塑，更有利于孩子们学习。地上文物看山西，地下文物看陕西，山西博物院保存着大量的古代壁画，给孩子们初识壁画和雕塑打下了坚实的基础。山西博物院另一个建筑陈列展，有汉代、唐代、宋代、明代和清代的不同建筑模型，为理解敦煌壁画中的建筑和莫高窟的建筑埋下了对比的伏笔。晋祠博物馆的建筑和彩塑及双林寺的彩塑，让孩子们在观看敦煌壁画后对其进行对比。

第六步，2014年端午节假期，参观位于石家庄市正定县的隆兴寺，重点是摩尼殿中明代成化年间的壁画，檐墙上壁画中的鬼母美丽、温婉慈爱，东西墙上几十平方米的大型壁画，叙述佛教故事，其色彩艳丽，线条流畅，沥粉清晰可见。（图3-10）

第七步，组织孩子学习佛教故事，如九色鹿、五百强盗成佛因缘、佛本生经等。每年开放的洞窟都不同，一起学习今年对外开放的洞窟内容。

第八步，组织孩子学习工笔花鸟画，为壁画临摹打下基础。

第九步，暑假集训，讲解壁画临摹，目的是让孩子从内容上看得懂壁画，并了解敦煌壁画，从技术上模仿，用皮纸放大模印、勾线、托裱、打水色、晕染、调制蛤粉等。

第二阶段敦煌游学

经过一番精心的准备，大家于2014年7月下旬在西安集合，开始为期16天的游学之旅。

第一站西安，参观陕西历史博物馆和西安博物院。敦煌壁画有些场景就是唐代的长安（现为西安），从文物和唐代墓室壁画中可以窥探端倪。例如唐代泥塑女俑和敦煌的供养人像有相似之处；陕西历史博物馆中唐代的金银制品和敦煌壁画中的金银制品对比等。（图3-11）

第二站敦煌，参观莫高窟前，提前对石窟进行讲解，孩子们在石窟进行速写。再参观玉门关、敦煌雅丹地质公园、西千佛洞。元代已经过了敦煌壁画的鼎盛期，当然作品也粗糙一些。

参观榆林窟，孩子们对榆林窟壁画总体印象较好，壁画的颜色漂亮，尤其是绿色、蓝色壁画保存很好，赏心悦目。最后一天去参观了敦煌陈列中心，敦煌公教部的老师带领大家参观了几个复制窟，讲解了第220窟，看了第220窟壁画中的各种乐器，古乐的研究员给同学们上了一堂难忘的古乐课，教大家打击演奏（图3-12）。泥塑的研究员和同学们一起和泥，一起做浮雕翻模。

第三站兰州，参观甘肃省博物馆。正逢丝绸之路文物展，给我们展示了东西方文化交流史和敦煌艺术之间的交叉与相融。这里的彩陶文化详细而全面，展示的彩绘图案的发展变化脉络清晰，一目了然。

第四站天水。麦积山石窟被誉为“东方雕塑馆”，大的有16米高，小的十几厘米高，体现了千余年来各个时代的雕塑特点，系统地反映了中国泥塑艺术的发展和演变过程。尤其是“微笑的小沙弥”表现了小沙弥的谦恭、脱俗，颖悟聪慧。访道教宫观之一的玉泉观，我们非常荣幸地请到古建筑研究的老先生为我们讲解道教知识和建筑知识，他的讲解令大家茅塞顿开。之后我们还参观了天水市博物馆。

一个三秦大地，华夏宝库！一个大壁画馆！一个大雕塑馆！一顿彩陶大餐！一个道教名观！西北之行收获颇丰！

第三阶段游学心得

同学们回来后每人写游学心得若干篇，思如泉涌，意如飘风。印象最深的是我布置完作业一个半小时后，一位五年级的同学就把一篇洋洋洒洒的文字发到了我的邮箱，作为老师我特别感动，孩子们纷纷书写着自己的感受，快来听听孩子的心得吧！

图3-11左
参观陕西历史博物馆现场

图3-12右
古乐研究员带同学们体验即兴合奏

04

美术游学中怎样培养孩子的习惯

肆 美术游学中怎样培养孩子的习惯

一、良好的习惯是孩子综合素养的体现

在游学时，良好习惯的培养不单单是指艺术素养，更是对孩子人文素质、行为习惯等全方位的培养。一般来说，在选择游学活动的开展地点时，户外的活动会选择在一些具有地域特色的景点、景区，室内的活动会选择一定的场馆，这都是人群往来比较多的地方，难免嘈杂，如就餐、排队、写生时的一些看似小小的言行举止，都可以看出孩子的个人素养和家庭教育。

团队的游学中，经常会有一些小插曲，如有的孩子不喜欢吃饭的情况，要吃汉堡薯条；有的孩子非常挑食，看到自己喜欢的菜，一下子抢过去放在自己的面前，甚至大声宣布这个菜是自己的；还有的孩子在检票、上车时，经常插队，全然不顾别人的感受等很多的问题。孩子良好习惯的培养，可以折射出家庭教育的方方面面。

从行为习惯上来说，不管是团队的外出活动还是家庭的出行，学生都要注意安全，不能随意脱离队伍，要礼让他人，团结友爱，不嬉笑追闹，不乱扔垃圾等。作息习惯、饮食习惯和卫生习惯在旅行中都会和在家中有所不同，要适当地迁就他人，在团队活动中，个人的习惯要以大多数人能接受为标准，要学会体察他人的感受。

游学过程中对生活习惯的培养也是一个很好的锻炼机会，父母可以带着孩子一起列清单，一起准备出行物品，教孩子学会物品分类收整等。如果是小学生，家长要教会孩子看地图，要学会查找自己的方位和目的地、知晓行程路线，还要记住父母的联系方式，以防走丢。如果是家庭自由出行，建议家长带着孩子一起做攻略，教孩子自己订车票和机票，认识车票和机票，找到车厢和座位，以及查找景点，查找路线，还可以让孩子了解旅游保险的作用和意义等。陪孩子一起了解当地的人文风情、历史文化，特别要有意识地让孩子了解当地的名人、大学、图书馆、博物馆、美术馆等，把审美教育和地域文化相结合，让孩子们边走边画，边想边知。家长还要告诉孩子学会保护自己的人身安全，不要随意跟陌生人离开家长的视线，钱物、证件都要妥善保管，告诉孩子遇到紧急情况时应急处理的办法。如在人群中走散了该怎么办，独自一人上错了车怎么办，背包丢失了怎么办等。住酒店时，家长务必要带孩子找到安全门和安全通道，让孩子了解万一发生火灾时，紧急逃生的方法和路线，并牢记方位。旅行中，会有很多来不及画的场景，家长要有意识地引导孩子的摄影兴趣，特别是现在人人都有手机的时代，教孩子学会简单的摄影技巧，记录下旅途中的风景和美妙的时光，也为孩子后期作品的修整提供相应的素材。

在游学中的美术学习，主要就是孩子良好的作画习惯。那么，除了前面我们讲到的带一些专业的画材和工具外，还有一种非常简便的作画形式就是日记画，也叫作美术日记或者绘画日记。日记画是一种生活素材的积累，也是一种对童年生活的生动记录。日记画既可以随意地表达孩子的天性和情感，又不受材料、地点的限制，可即兴作画且携带方便，有利于孩子养成观察分析事物的好习惯，可增强其观察力、分析力、想象力和创造力，更有助于孩子养成良好的绘画习惯。当孩子用语言讲述绘画作品时，孩子的语言能力也能得到很大提高。长此以往，经常作画还可以培养孩子的专注力和意志力，以及做事要坚持到底、持之以恒。

二、家长如何引导孩子画游学日记画

第一，准备好画纸，可以提前画好封底和封面，内页页眉上打印上日期、天气、心情等，全部画完后装订成册。

第二，画笔建议采用墨水充足的签字笔（粗头和细头皆可）。低幼段孩子可以用水彩笔，就是粗头的，这种笔要求造型大胆准确，形象概括洗练，画面效果醒目，不易重做修改，利于孩子建立自信。细头的笔可以帮助小学段以上的孩子深入刻画画面，进行细致入微的表现。

第三，作画时，家长可以适当引导孩子。日记画大多是边回忆边作画，家长要在身边引导孩子回忆细节，提示有趣的情节。如观察作画对象是什么样的人？外形特征、动作神态、五官表情、服饰打扮等。画的时候，要启发孩子突出典型场景或情节，把主要表现的内容放在画面的重要位置，突出主题，添加一些场景，使画面丰富而饱满。低幼段的孩子喜欢用夸张的方式去表达。如画爸爸钓鱼，他们通常会把画面上的鱼画得比爸爸还要大很多，这些都是很正常的现象。正是这些稚嫩的画作承载了孩子的认知和情感，家长应给予孩子及时的肯定与鼓励。

第四，画面需要有文字说明，解说画面的情景，文字可以写在画面的空白处。

第五，孩子的日记画可以从四个方面来评价。

1. 有耐心，在绘画活动过程中，孩子注意力的持久性和投入性。

2. 好习惯，作画的习惯、动手的能力、握笔的姿势、整理画材和不影响他人等。

3. 有创意，指画面中创意思维的表现。

4. 有情节，即能否较完整地描述事情的情节和过程，并有情感性的表达。

第六，日记画，不是作业，不是硬性的规定，当孩子不在状态时，不要强制孩子完成，可以事后再补画。

第七，作画时，孩子怎么表达、怎么表现，家长应充分尊重孩子，引导孩子画出自己的情感、自己的想法、自己的世界，而非成人的意愿。（图4-1、图4-2）

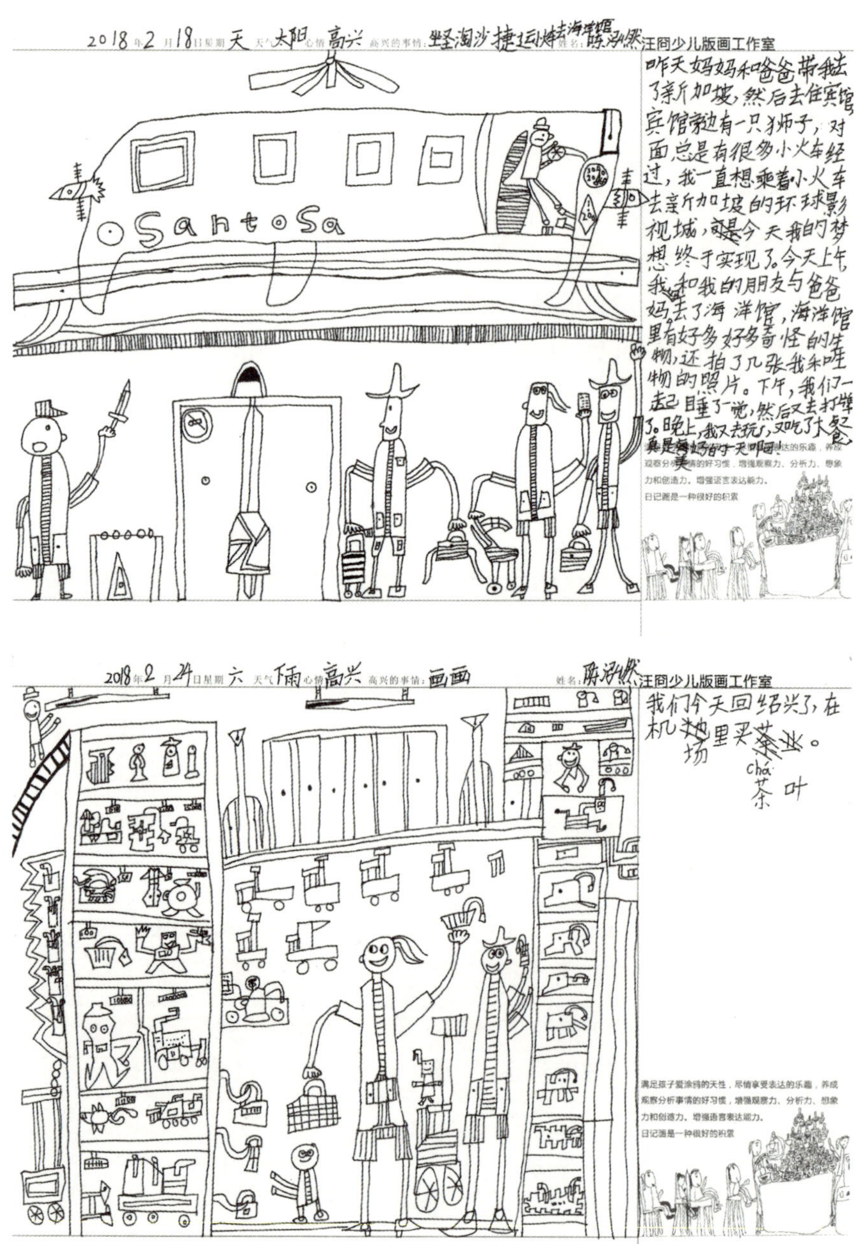

图4-1
日记画作品1
（陈泓然8岁）

图4-2
日记画作品2
（陈泓然8岁）

对于中高龄段的孩子，还有一种近年来比较新兴的形式——手账。手账，指用于记事的本子，记写东西。在日本，大部分人都会随身带着一个被称为“手账”的笔记本，随时随地掏出来翻翻看，或者在上面记些什么。手账会融入很多绘画的元素，和日记画有相似之处，都可以记录每一天发生的事。但也有不同之处，日记画往往是记录已经发生的，或者由发生的事情联想的，记录每天的事情和感想，而手账不仅是记录发生过的事，更是对将要做的事情的安排和计划。在绘画的功能上，两者有很多相同之处，都可以记录游学中的点点滴滴，如丰富的内容和有趣的故事。图4-3至图4-6是王丹老师指导的学生章知忱画的手账游记，记录了去美国、日本、英国、加拿大等地的美好旅行。

图4-3 美国绘画游记 （章知忱13岁）

图4-4 日本绘画游记
（章知忱14岁）

图4-5 加拿大和美国绘画游记 （章知忱16岁、13岁）

图4-6 英国绘画游记
（章知忱15岁）

案例1

日本艺术之行

宋冬雪

2015年开始，我们带着孩子们和画笔去丈量世界。从新疆的魔鬼城到宝岛台湾、瓷都景德镇，再到俄罗斯圣彼得堡、日本，每一处孩子们都用画笔记录下了我们的足迹。日本给我们最深刻的印象就是整洁有序，每一处都显得恰到好处，没有浮夸，设计是为人的需求而服务的，重在体验，这确实很值得我们学习。

参观京都国际漫画博物馆前沈老师神神秘秘地要求孩子们在手账上画出九个圆圈，原来是要孩子们亲自体会漫画家不同的绘画风格，在圆圈里画出九位漫画家的九种表情包。（图4-7、图4-8）

图4-7左
仔细寻找答案，认真观察画作

图4-8右
每个人完成9种不同漫画风格的表情包

日本的箱根雕刻之森美术馆是一家以雕刻为展览主题的户外美术馆，位于神奈川县足柄下郡箱根町。雕刻庭院在自然景物丰富的7万平方米占地上展示了亨利·摩尔、罗丹等大师的作品。

一踏入箱根玻璃之森美术馆就像进入了童话世界，在绿色远山的衬托下，意大利风情的庭院展现在人们面前。亮晶晶的树木、泉水、瀑布都是由一粒一粒的玻璃球制成。美术馆里陈列着约100件威尼斯玻璃制品，它们是中世纪王侯贵族狂热迷恋的必看名品。美术馆的圆形中厅，定时有音乐会呈现给游客，演奏者都是来自海外的音乐家。玻璃之森美术馆，东西合璧的庭院，古堡式的石质建筑，数百件从世界各地收藏来的玻璃工艺精品，无不透露着东方的婉约和西式的浪漫情调，使游客仿佛进入充满了光与影、色彩斑斓、形状各异的玻璃世界。这里还有做免费换斗篷和艺术面具的活动，游客可以换上罩袍，配上妖娆的面具，自由地在玻璃艺术的空间里徜徉、流连。电光摇曳间，仿佛是在水晶制造的童话世界里，如梦似幻的缥缈，只有在寒气逼人的富士山脚下，才又找回一丝真实。

参观松本美术馆。草间弥生是日本当代十分杰出、另类的艺术家。我带着孩子们走近她的作品，参观后感觉很难用语言描述。但我想要孩子们明白，艺术的形式是多元的，独特的表达方式是艺术家努力追求的。在我看来她的作品更适合作为景观来摆放、陈设，作品的符号、线条都很迷幻。（图4-9、图4-10）

图4-9左
学生参观松本美术馆现场

图4-10右
草间弥生的作品

太田纪念美术馆是为纪念已故的太田清藏先生而建立的。太田清藏先生一生致力于收集流失海外的江户、明治、大正时期的浮世绘作品，也包括葛饰北齐先生的作品，馆内收藏大约有20000件贵重的浮世绘作品。浮世绘在日本历史中是上不了台面的包装用印刷品和书籍插画，传入西方后却引起了美术界的震撼，它开启了一种新的东方式审美，并极大地影响了后来的印象派和新艺术运动。日本藏有浮世绘作品的美术馆不少，太田纪念美术馆的藏品是最具代表性的，我们参观的只是其藏品中的冰山一角，展品还会定期更换。看过展览后，孩子们都会以绘画的形式记录一天的收获。（图4-11至图4-15）

宫崎骏电影里梦幻优美的画面深入人心。三鹰之森吉卜力美术馆也是爱画之人的必去之处。馆内禁止拍照，但对于有着一颗童心、喜爱漫画的人来说依然有着无比的吸引力。吉卜力美术馆和其他美术馆的区别在于，这里的场馆结构更像是一个小小的迷宫，馆内的每一处都体现了吉卜力动画设计者的匠心，自然也有许多珍贵的原稿和电影场景的重现，还可以看到吉卜力专门为这个美术馆打造的动画短片。

图4-11左
正在记录和创作手账本的孩子

图4-12右
手账本（郭泊良8岁）

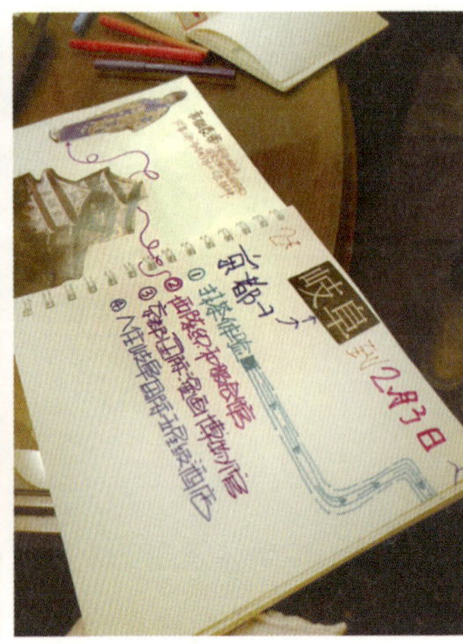

图4-13左
手账本（羊睿萱 11岁）

图4-14中
手账本（赵晗玥 6岁）

图4-15右
手账本（刘昱轩 8岁）

案例2

东欧“三国研艺”游学之旅

杨红

2018年暑假，计划已久并期盼多时的捷克—奥地利—匈牙利“三国研艺”游学启航了。

我们首先来到捷克的首都布拉格。黄昏时刻，布拉格广场上那群白鸽背对着夕阳飞舞，那画面美得让人陶醉。广场上，孩子们欢快地跳着舞，一首《布拉格广场》是多少人向往的浪漫，现在我终于来寻梦了。布拉格城堡现今仍然是捷克总统的居所，它拥有多样化的建筑风格，从古代的罗马式，到战争期间的后现代风格。在建筑艺术里孩子们触碰到的是历史，是人文，这片土地上每发生一次重大变革都会在城堡上留下痕迹，这正是游学的意义！（图4-16、图4-17）

圣维特大教堂是历代皇帝举行加冕典礼的场所，有“建筑之宝”的美誉，可以让人感受欧洲大陆上的强大与奢华。与之相映衬的黄金小巷，告知了游客底层人民的艰苦与局促。戏剧性的却是这里诞生了20世纪德语文学中最伟大的作家——西方现代派文学的奠基人卡夫卡。成功需要什么？孩子们在思考着，带着思考的万里路才不枉此行。

王子猎宫，是如同动物标本博物馆的宫殿，狩猎足迹遍布东西方，通过一个个的动物标

图4-16左
手账本（卢亿15岁）

图4-17右
手账本（彭泺滢13岁）

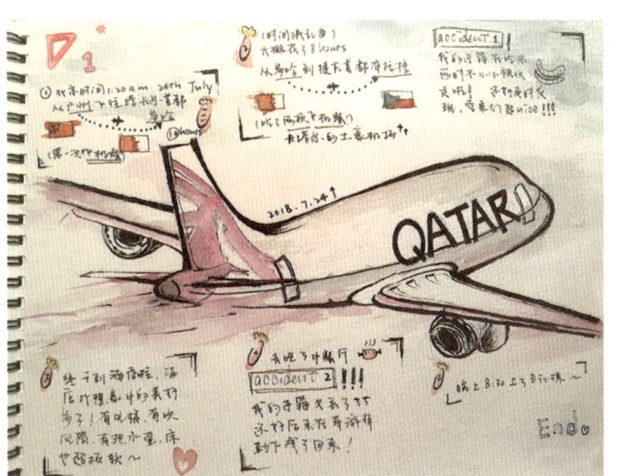

本，孩子们深深感受到奥匈帝国的强大，孩子们走在观景台上，像当年的斐迪南大公一样俯瞰着美丽的后花园，一切都是那么的美好！在老城广场地面之下藏着14世纪的古老餐厅，孩子们仿佛穿越了时光，回到那个欢乐的世纪，地窖、长桌、西式三道餐的讲究、烤猪肘、捷克黑啤、各种饮品，还有一支独具民族风情的乐队在演奏，美食与音乐共舞，所有人都随着音乐的节拍动起来。除了高踞在山坡上的宏伟宫殿外，还有那流淌了千万年的伏尔塔瓦河，矗立着30个巴洛克雕像的查理大桥，一座座精美震撼的大教堂，神秘独特的黑光剧，在清晨与日暮时，街道上马蹄声的交响……绝对让每一个遇见它的人留恋难忘。

我们带着深深的依恋，离开布拉格，寻觅到了另一个人间天堂——克鲁姆洛夫，它是南波西米亚的迷人小镇，也是世界上最美的城市之一。它于1992年被联合国教科文组织列为世界文化遗产之一。我们从高处俯瞰，才能看出伏尔塔瓦河的“U形”弯是如何流经这里的，看到连成片的橘红色屋顶下是淡黄色的石墙，看到远处的白色教堂仿佛和山融为一体，看到这被时间之神眷顾、让时间静止的中世纪小镇。美妙的午后，我们寻找茜茜公主芳香的足迹，踏着音乐之声的旋律，登上阿尔卑斯山顶，不仅有微风和骄阳，还有我们放飞的思想和蓬勃的朝气。蓝天上盘旋着的七彩滑翔伞，像鸟一样自由飞翔。可爱的小镇居民，下班后带着滑翔伞上山，然后从山顶上乘着滑翔伞飞回家。是的，回家，飞回家！那是何等的惬意！

仅仅是美丽的风景，是不够的。站在令人向往的大师的艺术作品前，我们特邀何建成教授

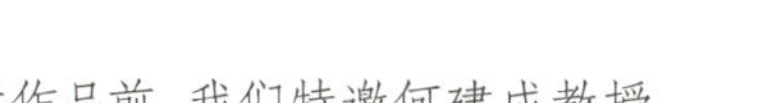

全程讲授艺术史，何教授的讲解通俗易懂，从流派观念到创意思维，都让我们醍醐灌顶。他为同学们分享的内容从宽度到深度、由热门及冷门，丰富而精彩，让我们受益匪浅。细细地解读，慢慢地欣赏，我们每天带着随记速写本，一路观察，一路感受，一路记录，记录下了我们的所见所想，是我们远行万里路的终身记忆。（图4–18）

在匈牙利国家美术馆我们巧遇弗里达·卡罗大型回顾展，同学们看到了墨西哥著名女艺术家的非凡作品，那是用生命绽放出来的绚烂，同学们深深地被她的作品震撼了。

奥地利哈尔施塔特湖畔小镇，巍巍青山，清清湖水，古老木屋，灿烂的鲜花点缀着清幽静谧的景色。悠然避世，却又惊艳世界，我们静静地享受世界的美好。萨尔茨堡，是一个永远和音乐连在一起的城市，它因为莫扎特而永恒，因为电影《音乐之声》而经典，因为浓郁的中世纪风情而令人一见倾心。我们精心设计了以画会友的任务，让每个同学在奥地利萨尔茨堡皇宫广场上画一幅作品，然后尝试通过自己努力，克服交流障碍，将自己的作品赠送给路人，并且与之合影留念（图4–19）。在送画的过程中孩子们经历着各自不同的状况，比如：送给谁？怎样和路人打招呼？如何介绍自己的作品？路人不要怎么办？会不会很尴尬？在现实中比我们担心的还要残

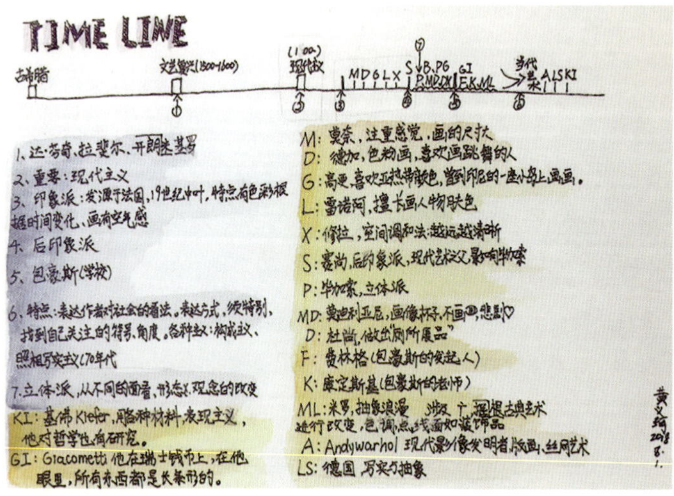

图4-18左
游学日记 （黄义珂12岁）

图4-19右
将作品赠与路人并合影留念

酷：人们匆忙地路过，有的说不要，有的看起来很凶，有的讲了“hello”后路人没有听到，或路人讲德语，不会英语……孩子们很努力，一次，两次，再一次……终于通过他们真诚的交流，用语言或手势，打开了与路人交流的心门。有位同学幸运地将自己的作品送给了一位意大利的艺术家收藏，艺术家承诺将其作品挂在他的工作室；有三位同学送出去了两幅作品等。艺术无国界，小小画家们个个都是“艺术外交官”。从现场创作到克服交流障碍，这个任务同学们完成得非常棒！这令在场的家长都感动不已。人生会有很多未曾有过的挑战，这是踏出勇敢而有意义的第一步。

这次游学对孩子们而言，不管是在绘画技巧、眼界、思想上，还是在生活经历上都是一次不可多得的体验，在孩子们成长的岁月里，增添了一笔绚丽的色彩。

05

怎样在游学中制订孩子的美术学习计划

伍 怎样在游学中制订孩子的美术学习计划

带着问题去旅行，可能是最好的旅行，是一种积极的、愉悦的旅行度假；带着问题去学习，可能是最好的学习，是一种更有针对性的学习之旅。因此，游学是在一定计划中体现的，要在计划中预设一些学习美术会遇到的问题。但计划不是硬性的、一成不变的，而是随着游学中具体的美术学习情况、环境、状态等进行适时调整的。游学中的美术学习通常是以活动的形式来展开，在活动中孩子们没有传统学习形式的压力，在真正游戏化的学习形式中把创造力、观察力、团队合作、品格教育等贯穿融合在一起，可潜移默化地提高孩子的综合能力。

一、团队游学中美术学习计划的制订

（一）学习目标

拓展孩子的视野，感受不同地域的多元文化，培养孩子的独立自主性，提高孩子的观察力和不同题材的表现能力，促进孩子健全人格的发展，构建孩子的团队合作意识、相互沟通的能力，以及对环境的适应能力，让孩子在游玩中学习，并提高孩子对隐性知识的学习能力，奠定孩子全面的能力和素养。

（二）活动准备

游学活动的制订必须要有充分的准备，一般有主题研讨、实地考察、文本规划、教学安排等环节。

游学主题的制订要基于孩子的年龄与生理、心理特点，做出相应合理的安排，经过美术教学组织的论证后，有效地实施。游学期间的交通、食宿、安全保障等诸多方面的因素，都需要进行实地考察和讨论。主题可以从自然景观、人文景观、风土人情、物质文化遗产、博物馆等诸多方面进行选择，可从中选择最具有文化特点的景观。

（三）目的地考察

游学活动确定之后，就要对目的地进行实地考察，这样对美术的学习才会有更为全面、细致的了解。当然，也可以利用网络信息资源做足功课，作为实地考察的补充，以便完成考察报告的撰写。

考察主要从以下两个方面进行：

1. 游学目的地的交通出行安全、住宿情况

对于每次的活动安排，组织者要提前熟悉和了解交通出行的情况，根据距离远近和预报人数确定合适的交通工具，并充分考虑行程的时间安排。对于食宿问题组织者也要提

前对所预定的酒店进行考察，包括其接待能力、房间卫浴、安全餐饮的标准以及卫生情况等，并对当地的气候变化提前了解，以便在出行的时候备好相应的衣物等。

2. 游学目的地的文化艺术特点

详细了解写生目的地的文化艺术特点，根据孩子们的年龄大小，确定相应的写生要求和不同的绘画材料。比如确定此次活动的目的地是太行山，那么就应该了解太行山险峻陡峭的特点并根据其特点确定相应的表现材料和形式。其次要考虑目的地周围比较方便的、具有特色的文化景观，是否可以成为写生的第二线路，以丰富游学的内容。

（四）建立美术游学活动的组织机构

游学活动的顺利执行必须要有一个完整、全面的组织机构。组织机构的建立主要是明确落实各个环节的衔接，与工作人员及老师的分工和协作，从而有序地完成不同阶段的准备工作。

1. 游学活动组长：负责安排整体任务。

2. 外联组人员：负责和外部的联系、安全预案的制订、酒店安排、出行保险、交通的确定、旅行社的对接等事宜。如果是交给旅行社安排，要明确责任的划分、食宿行的标准、保险的确定等。

3. 后勤组人员：负责宣传、准备出行的队服、写生活动的材料、常规药品等。

（五）教学行程的安排

根据确定的目的地设计、安排好每日的教学行程，要细化到每天的教学内容、教学问题、教学讲评、教师辅导等相关问题。

案例1

《行走的艺术——徽州》游学活动计划

一生痴绝处，无梦到徽州

付以华

日期	行程内容	住宿
8月5日	乘车赴黄山，后入住酒店	宏村酒店
8月6日	清晨，慢慢地走在宏村中，感受清晨的第一抹阳光，静静地寻找我们恬静的心情。品味完宏村的特色早餐后，举行简短的开营仪式，接着进入宏村景区开始第一天的写生。晚餐后集中讲评作业并布置第二天的教学任务	宏村酒店
8月7日	早餐之后进入宏村最美的一个地方——月沼。古老的建筑映着山水显得灵动而有生机。清晨五六点，你的耳边只有风声，眼里只有水流，细细体味这百年古镇的韵味，这也是宏村最适宜入画的地方。晚餐后集中讲评作业并布置第二天的教学任务	宏村酒店
8月8日	早餐之后进入南湖，开阔的水面呈弓形，穿湖而过的画桥是电影《卧虎藏龙》里李慕白牵马走过的地方。清晨的薄雾、夏日的荷花都为南湖平添了几分妩媚，在这里拍出的照片非常漂亮。 南湖北岸有南湖书院，清朝时把原来湖边的六所私塾合并为了一个书院，所以书院显得非常宽敞。晚餐后集中讲评作业并布置第二天的教学任务	宏村酒店
8月9日	早餐之后进入有“民间故宫”美誉的承志堂，它是宏村非常重要的一座老宅，这里的看点是木雕、石雕和砖雕。汪氏祠堂位于安徽省黄山市黟县的宏村，宏村为著名的徽州古文化村落，该村始建于南宋绍熙年间（1190—1194年），鼎盛于明清。现仍保留有清代民居130多幢，尤以其独特的牛形村落规划和完善的人工水系被世人称道。晚餐后集中讲评作业并布置第二天的教学任务	宏村酒店

续表

日期	行程内容	住宿
8月10日	早餐之后走进有“中国古民居博物馆”之称的西递，位于黟县东部，已列入世界文化遗产名录 清晨，伴着渐行渐隐的虫鸣蛙唱，我们立于不知曾经踏过多少次的熟悉而又陌生的阡陌之上，聆听那千年古村无言的呼唤。氤氲着晨雾的连绵山峦此刻则被素裹起来，由近及远，大山的颜色愈加幽雅清淡，直至消逝在无际的“蓬莱仙境”之中……让人不禁道奇称绝！午餐品尝西递当地美食。晚餐返回宏村后集中讲评作业并布置第二天的教学任务	宏村酒店
8月11日	西递的美不仅在于古朴的徽派建筑，更多的是一种安静的故事。银杏、竹子、梧桐把西递的秋天打扮得格外美丽。大大小小的宅子似乎都在述说着自己的故事。慢慢走进西递古村，扑面而来的是夹杂着夏荷清香的湿润空气，紧接着便是满湖的碧绿，让人身心陶醉、应接不暇。有时候我真的会觉得上天太过爱恋这方宝土，让夏的脚步走得如此之慢、如此之轻、如此之美。大片大片的荷叶在明经湖上高高低低、交错有致，一阵微风掠过，随即便形成了绿浪，摇摇欲坠的露珠散发着晶莹剔透的光芒。如果幸运的话，你会欣赏到“荷映水中鱼游树，雾落湖底鸟戏波”的醉人画面。午餐品尝西递当地美食。晚餐返回宏村酒店后集中讲评作业并布置第二天的教学任务	宏村酒店
8月12日	国家5A级旅游景区——查济古镇或黄山（自由行）	宏村酒店
8月13日	从宏村返回家	

案例2

醉美台湾——艺术游学

李影

台湾著名诗人余光中先生的《乡愁》中藏有深深的乡愁情结。台湾从古至今都是中国不可分割的一部分。我们去台湾可以看看繁华尽去后的平静，看浮躁退却后的平淡，看中华文化在这里的传承，看阿里山的森林，看日月潭的碧水，看美丽的太平洋海岸线，看世界一流的文创设计，看这里每一个人内心流淌着的人文情怀，看自觉的秩序下文明的力量。让我们一起走进台湾吧！

【松山文创园】

畅游知识的海洋，融合了人文、艺术、创意、生活，这里是台湾文化创意的标志。松山文创园里正在举办德国红点设计展。红点设计大奖由德国设计协会创立，至今已有超过60年的历史，通过对产品设计、传达设计以及设计概念的竞赛，每年吸引了超过60个国家参赛，是世界上知名设计竞赛中最大、最有影响的一个竞赛，素有设计界的“奥斯卡”之称。

【台湾艺术教育馆+皮克斯动画展】

台湾艺术教育馆位于植物园旁边，环境优美，古色古香，孩子们在这里观看儿童画展和极其难得一遇的皮克斯动画展，这里有很多经典动画人物的设计手稿及还原了作者创作的整个思路历程，让孩子们看到了一个从纸质上的平面草稿，到荧幕上的生动形象的过程，通过这个过程让孩子们感知到了创作灵感的重要和多元。（图5-1）

图5-1 孩子们正在参观台湾儿童画作品

【101大楼观台北夜景】

它曾经是世界第一的高楼，不仅是台北金融大楼，同时也是多功能的购物中心。它不仅是台北的地标，还是台湾引以为傲的建筑，给人们带来了强烈的视觉感受。在101大楼最高处俯瞰，台北市的夜景尽收眼底，抬头则繁星点点，美轮美奂，让人流连忘返。

【野柳风景区】

野柳的奇岩怪石，早已经是世界奇观之一，地形景观的静态美最具特色，其造型惟妙惟肖，自然天成，无形中又增添了几许妩媚。怪石女王头像是野柳的代言，仿佛向远方望着浩瀚的太平洋，火红的晚霞把野柳的奇岩怪石映衬得久远而寂静。

【伍角船板餐厅】

这家艺术餐厅极具特色，建筑中的任何布局都不规则，镶嵌在门窗上的玻璃形状也各不相同。但无论窗户的形态如何，窗内的风景都像绘画一般风姿绰约。大厅里陈列着各种老式家具，与时尚背道而驰的陈旧，折射出浓郁的文化气息。各种动物与人体的雕塑错落有致地陈放着，让人觉得自己正徜徉在一家收藏丰富的博物馆中。当你坐下来，坐在这散发着木香的凳子上时，你才会知道，之所以要到这里来，坐下来，其实仅仅是为了品味美食，可是在美食到来之前，这里的艺术气氛已经美醉了心。(图5-2)

图5-2 餐厅内景充满艺术气息

【台北故宫博物院】

此处是收藏文物艺术精华之地，也是来台必访之处，其外观仿北京故宫博物院，气势宏伟，馆内的典藏近70万件，是欣赏中华文物的国宝级殿堂。典藏品中以陶瓷、书画、青铜器保存最为完整，还有玉器、漆器、多宝格珐琅器等，品类众多且精细，而镇馆之宝——翠玉白菜、毛公鼎、肉形石更是吸引着全世界的目光，也是全馆的参观焦点。（图5-3）

【台湾美术馆】

台湾美术馆也称台中美术馆，有24个展览室，除了定期举办中外名家各项艺术作品展外，还收藏了许多奇珍异品。典藏室以珍藏已故美术家的作品为主，也有明清时期台湾美术家及当代美术家的作品。

【桧意生活村】

桧这个字，台湾这边字音同“快”。这里保留了二十几栋日式屋舍，我们在这里进行了两个多小时的写生。（图5-4）

【阿里山风景区】

阿里山由18座高山组成，一年四季皆有风景。春天百花争艳，夏天山峦叠翠，秋冬可观日

图5-3左
参观台北故宫博物院并留影

图5-4右
桧意生活村写生

出、赏云海。千年桧木林里挺拔的树姿仿佛诉说着远古的历史。每年三四月樱花盛开的时候，无数游客登山赏花，满山谷的樱花竞相绽放，宛如仙境。不到阿里山，不知台湾美，就连外国游客都会唱“高山青，涧水蓝，阿里山的姑娘美如水，阿里山的少年壮如山”。这句脍炙人口的歌谣足以说明阿里山明媚秀丽的风光。

【鹅銮鼻】

鹅銮鼻公园位于台湾最南端，园内遍布珊瑚礁形成的石灰岩地形，怪石嶙峋，步道纵横交错，灯塔为公园的标志。一望无际的海洋，海风拂面，白塔蓝海，给人无限的遐想，面朝大海，春暖花开。孩子们把这美丽的景色画了下来，美丽的女导游也入画了。(图5-5、图5-6)

【驳二艺术特区】

位于台湾高雄市，“驳二”系指第二号接驳码头，原为一般的港口仓库。在艺术家及地方文化工作者的推动之下，将闲置空间再利用打造而成的工业艺术化街区。驳二艺术特区是高雄具有代表性的文创产业园区，每个角落都渗透着浓郁的艺术气息。在这里，来上一场亲子活动——手工制作凤梨酥，真正体验一下台湾美食——凤梨酥的制作工艺吧！

图5-5左
写生作品（李秉修12岁）

图5-6右
写生作品（袁梦琪16岁）

【太鲁阁公园】

在台湾十大奇景之一的公园中，欣赏壮丽的太鲁阁峡谷风光。立于断崖下，前有清新的飞瀑流泉，行经观景大道边的山洞旁，听见流泉声声伴着幽幽鸟鸣，走过一排排的草舍，悠悠的山风拂面而来，这一切似乎在诉说着遥远的故事。

【几米公园】

位于宜兰火车站旁的几米公园，将几米绘本世界梦幻般的真实呈现在人们眼前。《向左走，向右走》《地下铁》《星空》等，以记忆片刻风景为主题，并且保留历史建筑与老树绿荫，将原本废弃不用的空地变成漂亮的艺术公园，让人仿佛进入了几米的绘本故事，探索着几米的奇幻世界和心境。

二、家庭游学中美术学习计划的制订

除了团队的美术游学之外，以家庭为主的游学，是近年旅游中的新现象。在家庭的游学中，不再是仅仅针对地区、景点的观光，那种上车睡觉、下车拍照观光方式已经不能满足现在孩子的求知欲和探索欲，而是变成了一种文化之旅，对文化的学习和感悟，既满足了孩子视觉上的需求，又满足了孩子精神的需求。在家庭游学中，孩子有可能是具备一定的美术特长的，也有可能是没有经过特殊训练的，不过在学校中的学习，会使他们具有一定的美术素养。那么，如果家长不懂美术，又该如何安排美术的游学计划呢？孩子并不具有美术特长，又想通过游学的形式激发孩子的绘画兴趣时，又该如何引导呢？下面我们就来谈一谈，家庭制订游学计划的几个重点：

一是，家长要在出行前，提前做出行计划，明确目的地。

二是，根据路途的远近选择自驾、汽车、铁路和航空等出行方式。

三是，自驾出行可以带的画具和材料相对更丰富，一般来说远途旅行和乘车出行可以带上简易的画架、油画框、颜料等画油画的工具，也可以带上笔墨宣纸画国画，也可以带上速写本，还可以带上油画棒、水彩笔等自己喜欢的材料，根据自己的需求选择画材和表现方式。

四是，关于写生的详细地点，没有非常明确的要求和标准，一切以孩子个人的喜好和感受来定，孩子喜欢之处就可以驻足停留，用心观察，感知构图，下笔入画。

五是，家长最好在出发前就规划好各景点的时间安排，给孩子预留充分观察和深入作画的时间。

六是，如果时间比较紧张，家长可以拍一些照片，以作为孩子后期作画的参考，用于后期丰富画面。时间很宽松的话，家长应耐心地陪伴孩子，直到作品完成。

06

人文景观中的美术学习

陆 人文景观中的美术学习

人文景观是人们在日常生活中，为了满足一些物质和精神等方面的需要，在自然景观的基础上叠加了文化特质而构成的景观。人文景观是社会、艺术和历史的产物，带有其形成时期的历史环境、艺术思想和审美标准的烙印，具体呈现在名胜古迹、文物与艺术、民间习俗和其他观光活动之中。

人文景观中的写生，是我们在游学中学习美术最常见的表现方式。写生是一个动态的概念，写生过程对事物的观察是在不断变化和思索中进行的，写生不仅能够培养孩子的观察力、创造力，也能够培养孩子发现美的能力，陶冶情操。通过写生可以使孩子更加热爱生活，敬畏自然和生命，孩子能够学着描绘生活，总结规律。同时，写生对孩子的语言表达能力、协作能力、概括能力和适应能力等诸多方面都是非常有益的。（图6-1）

图6-1
法意艺术游学营在巴黎卢浮宫前合影

一、建筑——线画写生与创作指导

案例1

画古建筑

李影

（一）课题设想

让孩子了解中国古建筑的历史、材料与构架结构，学习欣赏古建筑的美。培养孩子的写生观察能力。

（二）古建筑的特点

中国古建筑材料以木材、砖瓦为主，以木构架结构方式建造。传统古建筑一般有台基，用以承托建筑物的基座；木头圆柱，被置于以石头为底的柱基上，用于支撑屋面檩条形成梁架；开间，四根木头圆柱围成的空间称为间，建筑的迎面间数称为开间；大梁，架于木头圆柱上的一根最主要的木头，以形成屋脊，是中国传统木结构建筑中骨架的主件之一；斗拱，是中国古代建筑独特的构件，方形木块叫斗，弓形短木叫拱，斜置长木叫昂，总称斗拱，一般置于柱头和额枋、屋面之间，用来支撑、荷载梁架、挑出屋檐，兼具装饰作用；彩绘，突出雕梁画栋的装饰性；屋顶，庑殿顶、歇山顶、悬山顶、硬山顶、攒尖顶、卷棚顶；山墙，即房子两侧上部呈山状并高出墙面的部分，一般用来防火，又称风火山墙，徽派建筑中称马头墙。

（三）写生提示

1. 古建筑多以木构架结构为主，屋顶用小瓦，结构特点较为复杂。写生多以屋顶小瓦为线条的密处，而墙体窗格等多为线条的疏处，整个画面形成疏密的对比关系。

2. 画准整个大的建筑结构样式，仔细观察建筑木构架结构穿插堆叠程式的来龙去脉。

3. 注意线的疏密，应画稀疏的地方，要少画或不画，应画密处的地方，加大线条密度，以增加疏密的对比。

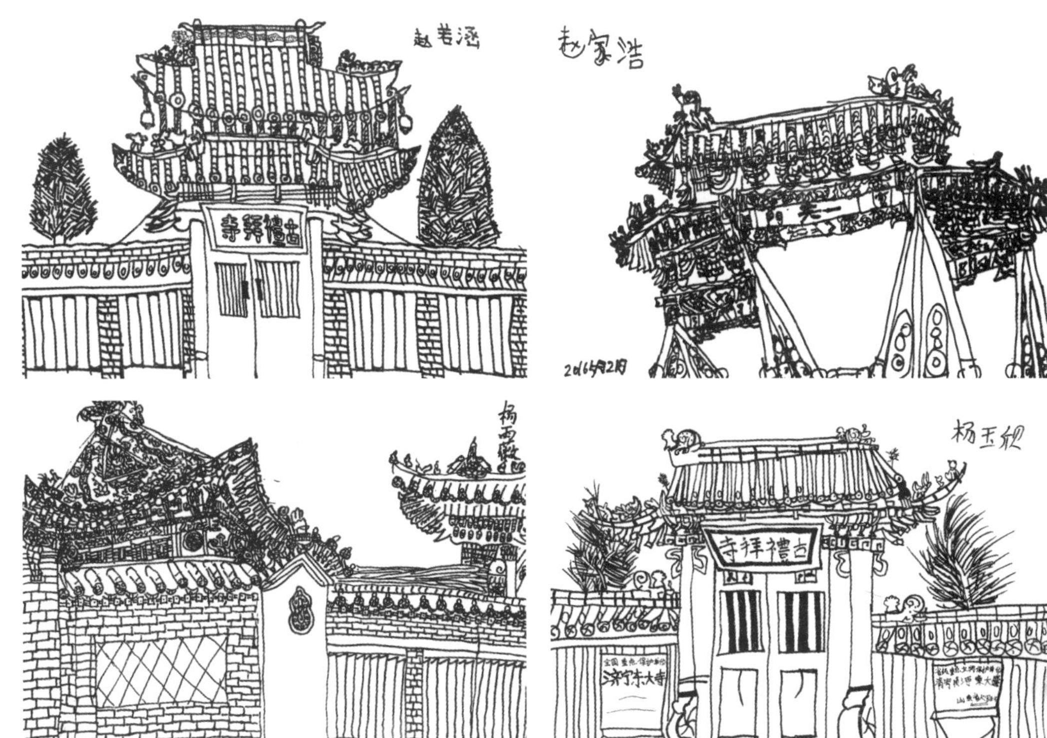

图6-2左
古建筑写生
（赵若涵8岁）

图6-3右
古建筑写生
（赵家浩6岁）

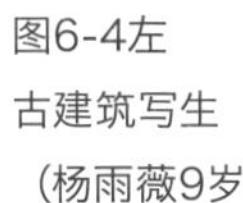

图6-4左
古建筑写生
（杨雨薇9岁）

图6-5右
古建筑写生
（杨玉欣8岁）

(四)指导要点

1. 重视建筑特征的深入刻画。

2. 主观加大线条的疏密对比。

3. 线条越是简单越应认真对待,线条越是复杂越应看仔细。

4. 把握整体的方法是:复杂的地方简单看,简单的地方复杂看。

(五)课后随笔

儿童画写生有个特点,是怕简单不怕复杂,越是结构复杂的事物孩子越是有兴趣,关键是老师怎么去引导。只要孩子在写生时能从大处着眼、小处入手,再复杂的建筑也能完成。孩子画画没有难易,只有兴趣使然,他们的画总会令你吃惊不已,你会感叹孩子的画如此真诚,如此有趣味。

本课题适合6岁以上的孩子学习。(图6-2至图6-5)

二、传统吉祥纹样的学习与再创造

传统吉祥纹样丰富多彩,其表现形式也是品类繁多,有年画、剪纸、陶瓷、印染、刺绣等。对传统吉祥纹样的学习并不是对形象的直接拼贴与堆砌,而是对文化内涵的学习,是对其意象的学习体验,以及精神意蕴的再创造与视觉化的表现。

案例2

我也画年画

李影

(一)课题设想

让孩子了解传统吉祥纹样及表现方法;通过本课的学习,让孩子们懂得年画的精神内涵以及在现代社会中的应用价值。

（二）引导观察

1. 中国的民间年画大多是木板刻制的，在唐代就有了很高的刻制技术。具有代表性的年画有天津的杨柳青年画、苏州的桃花坞年画、山东潍坊的杨家埠年画、河南开封的朱仙镇年画，还有四川的绵竹年画、陕西的凤翔年画等。

2. 木版年画的制作过程是先画画稿，然后在主版、色版上分别刻好，再在刻版上做好标记，接下来才是印刷。年画用色多用浅黄、翠绿、大红、粉红、紫色，主版一般是黑色。这几种色用在一起，给人以喜庆热闹的感觉。

（三）创作提示

1. 孩子选择一幅自己喜欢的年画，对年画的造型特点、配色规律、构图要素有了充分了解后再着手画。

2. 不要照搬照抄原画的构图、用色，不要受原画的束缚，要发挥自己的想象，突出自己的感受与理解。

（四）指导要点

1. 木版年画属平面绘画，在构图上讲究圆圆满满，在内容上形式上可以借鉴过来。

2. 木版年画的造型不是客观地、真实地描绘生活，更多的是一种精神上的表露，所以不要拿画中的形象与真实的事物比较。

3. 木版年画中的色彩是印出来的，其印刷制作工艺比较繁杂，因此木版年画的用色是有局限的，它的色彩一般限3~5种。正是因为木版年画的这种局限，也使年画有了更为独特的风格。

（五）课后随笔

生活在这个年代的孩子，掌握的知识丰富，他们操作起电脑来甚至比一些成人还灵活。他们是幸福的，他们的“面包”是够甜的，但一个孩子只有甜是不够的。人生五味杂陈，酸苦辣咸涩麻对孩子的成长更为重要。让孩子了解传统文化，看看乡土艺术，尝试一下古老的年画，就如同甜甜的“面包”里加进了“怪味豆”，孩子们吃起来才会津津有味，很有新鲜感。实践也证明了，有趣的艺术活动能不断激发孩子的创作热情，提高孩子的鉴赏能力。

本课题适合7~10岁的孩子学习。（图6-6至图6-9）

图6-6左
年画（李妍婧9岁）

图6-7右
年画（随欣9岁）

图6-8左
年画（耿冬阳7岁）

图6-9右
年画（黄亚10岁）

三、石窟壁画临摹

案例3

永乐宫美术游学

李国栋

（一）用画画的视角打开孩子们认识世界的一扇窗户

徐州历史上为华夏九州之一，是汉文化的发源地，保留了大量汉画像石和历史文化古迹。我尝试以历史发展为主线在寒暑假带孩子们到各地去游学，带他们直接走进博物馆、艺术馆发现美，追溯中国美学的发展过程和艺术魅力，。2007年，我带孩子们去了山东曲阜的孔府研究中国建筑并对其进行了写生，了解儒家文化；2010年，我还带孩子们去过苏州的园林体验文人墨客对家的情怀。

2017年，我带初中阶段的孩子们，深度、实地考察了大汶口、开封、洛阳、西安、芮城等地方，并以绘画的发展为延续方向选择了芮城永乐宫壁画。

（二）学习和了解永乐宫壁画产生的历史与人文背景

永乐宫壁画是中国古代壁画的奇珍。它诞生于元代，位于山西省芮城的永乐宫(又名大纯阳万寿宫)，其是艺术价值最高的首推精美的大型壁画。它不仅是我国绘画史上的重要杰作，在世界绘画史上也是罕见的巨制。整个壁画共有1000平方米，分别画在无极殿、三清殿、纯阳殿和重阳殿里，永乐宫三清殿壁画中人物的服饰图案在整幅壁画中占据了很大面积。壁画中，人物服饰的造型、装饰均秉承了唐宋两代的风格特征，气势宏伟的群神朝拜图更是古代皇家礼仪的辉煌再现。

（三）永乐宫游学教学计划

本次游学计划学时10天，其中3天在徐州本地集训，7天在永乐宫游学。

借助研讨的方式，制订教学框架。把参加游学的孩子分成小组，以思维导图为展现形式收集资料，用PPT讲解分享。本次游学手册计划由孩子们自己完成收集、整理资料的任务。

游学手册框架：

1. 世界地图，寻找标注有壁画的位置。
2. 中外艺术发展对照图，找到与元朝同一时期的世界绘画形式。
3. 中国历史年代表，发现绘画的发展与材料的发现和使用的关系。如青铜器和铜的出现。
4. 中国地图，标注永乐宫的原址和现址。思考早期的文明为什么会集中在黄河附近。
5. 中国建筑发展的过程，找出元代建筑的特点。
6. 了解龙有九子与屋脊兽。
7. 写出一个古建筑的木制结构和名称，以及木制建筑的好处。
8. 讨论朱好古、马君祥和壁画的关系。
9. 介绍壁画的制作过程和讨论材料。
10. 了解中国本土道教在现代生活中的印迹，八卦的知识。
11. 以人物为中心，寻找、解释、介绍人物故事，如二十八星宿。
12. 以小线描的方式绘画人物、服饰、头饰。
13. 在永乐宫临摹5张4开线描稿，临摹2~3张全开壁画作品，制作古法泥板并画2张壁画。
14. 回徐州布置永乐宫游学画展。

（四）永乐宫的游学过程

第一天　地点：徐州

教学内容：从徐州汉画像石神话到永乐宫壁画人物对照，了解两幅壁画中出现的共同人物——西王母。

教学目标：激发情趣，借助汉画像石中的人物，引导孩子了解永乐宫壁画中的人物，亲近永乐宫壁画的美，培养孩子的创造力、想象力。（图6-10）

学习任务：

1. 资料任务：借助汉画像石神话，对比和介绍永乐宫壁画人物，三组同学收集、整理、制作PPT。

2. 绘画任务：画5张人物线描，并绘制出壁画发展思维导图。

图6-10左
永乐宫壁画·西王母

图6-11右
永乐宫壁画(局部)

第二天　地点：徐州

教学内容：了解壁画人物故事、壁画服饰及线条表现。(图6-11)

教学目标：以线描的方式了解并描绘《朝元图》中的人物，加深孩子们对传统壁画的印象，如绘画的造型与表现、欣赏与评述。

学习任务：

1. 资料任务：二十八星宿、十二宫辰、中国家具的发展过程，三组同学收集、整理、制作PPT。

2. 绘画任务：画5张服饰局部图；以八尊主像(南极、北极、玉皇、勾陈、东木公、后土、西王母、东华帝君)为中心制作思维导图。

第三天　地点：徐州

教学内容：传统建筑。

永乐宫内三座大殿都是元代的，样式基本差不多，均为短脊宽檐。特殊之处是从脊到檐的过渡不是直线，而是极美妙的弧线，巨大的飞檐高高地挑起，形成美丽的展翅之感。屋脊上镶着黄、绿、蓝三色琉璃，两只高3米多的大鸱吻望着天空，整体看上去像一条盘旋的巨龙。恍惚间，它们似乎带领着芸芸众生向天国飞升，离开这嘈杂的世界。飞檐翘角，不仅颇具艺术特色，而且很实用。曲线的屋顶可以把雨水抛得更远，以保护建筑物，废弃的檐角可以更好地采光。建筑以屋顶式样区分，三清殿和龙虎殿同属一种类型——单檐庑殿顶，纯阳殿和重阳殿同属另一种类型——单檐歇山顶。若以梁架露明或隐蔽观察，三清殿、纯阳殿等级略高，殿内有平綦遮盖，龙虎殿和重阳殿则为彻上露明造，梁架结构全部可以看见。永乐宫各殿除清代建筑的山门外，全用礓礤而不用台阶，礓礤两侧砖砌“象眼”为棱形图案，大小不等，迭层有别，为国内罕见之例。在这几座元代建筑中，还保存着许多元代彩绘，其中以三清殿最为精致。阑额、柱头枋、檐枋和拱眼壁内，画塑结合，以塑为主，更增加了建筑的瑰丽。除一些共同点之外，平面、梁架、结构手法等方面，还存在着许多不同点，如龙虎殿是元代很典型的山门形式，台基凸起，殿前礓礤与门前夹道相连，而殿后檐之礓礤坡道由台基向内收缩，使后檐形成凹字形平面等手法，较为罕见。

总之，永乐宫的主体为元代木结构建筑，无论从总体布局、单体形制、结构特点还是装饰艺术等方面都在建筑史上留下了光辉灿烂的一页。(图6-12、图6-13)

教学目标：了解传统建筑样式。

学习任务：

1. 资料任务：屋脊神兽，三组同学收集、整理、制作PPT。

2. 绘画任务：画1张元代建筑，并绘制建筑发展思维导图。

图6-12左 永乐宫建筑屋脊·兽鸱吻

图6-13右 永乐宫建筑内部藻井装饰

第四天　地点：永乐宫

教学内容：参观永乐宫建筑和壁画，了解绘画建筑神兽和二十八星宿。

永乐宫壁画的精华，是无极殿内的《朝元图》，它的作者是元代河南画家马君祥及其弟子们。《朝元图》描绘了286位神仙向着一个方向朝拜，人物前后排列四五层之多，相互交错，井然有序，整个壁画显得场面壮阔，气势恢宏。壁画中的神像虽然高度、朝向大致一样，但画面中人物利用了不同的面部颜色、衣着和神态去表达了不同神仙的身份、性格。帝君的神情通常比较肃穆；武将则全身披甲，鬓发飞扬；玉女则含情地微笑，有的在对话，有的在沉思，也有的在凝神、在顾盼，形象各具特色。画师们用遒劲流畅的神来之笔，将这些形态各异、神采飞扬的人物勾勒得细腻传神，呼之欲出。

教学目标：了解永乐宫建筑、壁画、神兽、二十八星宿。

学习任务：

资料任务：十八描，三组同学收集、整理、制作PPT。

第五天　地点：永乐宫

教学内容：了解永乐宫建筑和壁画。

永乐宫的壁画多以人物为主，尤其是对人物面部表情的刻画，其形神兼备，细致入微。线描是我国传统绘画的基础，以简练的笔墨塑造出个性鲜明、内心复杂的人物形象，线描造型具有高度的概括力和表现力，主要以线造型，线条均匀流畅，具有强烈的生命力。在永乐宫壁画浩瀚的绘画海洋里，线条生动的作品随处可见，通过线条表现人物形象的清秀，衣褶飘逸的灵动。对于不同的人物形象采用不同的线描表现，如游丝描、钉头鼠尾描等。通过不同风格的线描表现人物不同的神韵，其线条概括洗练、灵动飘逸，表现了追求富贵的审美情趣和时代风格。严谨、流畅又刚劲的线条刻画了众多生动的人物形象，这些形象有不同的年龄、性格特征和表情变化，多样而不雷同。线条的组织疏密有致，在刚柔相济的变化中，创造了和谐的韵律感和装饰性效果。辉煌灿烂的色彩效果，是永乐宫壁画艺术的又一特征。

教学目标：学习永乐宫壁画的制作知识。

学习任务：

1. 资料任务：岩彩绘画，三组同学收集、整理、制作PPT。

2. 绘画任务：画2张白描人物头像，临摹2张4开色彩人物头像。

第六天和第七天　地点：永乐宫

教学内容：永乐宫建筑和壁画。

了解：岩彩艺术技法的基础理论知识及表现、制作技巧与工艺美术专业的联系和特色。

熟悉：岩彩艺术技法在装饰艺术表现形式中的审美规律及表达方法。

掌握：通过本门课程的学习，使学生掌握基本的岩彩艺术技法理论知识，在制作学习的过程中，有意识地去组织与创造，在设计中进一步提升学生的主动创造能力。

在表现手法上大致分为笔彩技法和非笔彩技法，古代岩彩画也早就使用了非笔彩技法，如法海寺壁画和永乐宫壁画等。当代岩彩画有的也使用堆金立粉法。永乐宫壁画的产生与出现代表着传统工笔重彩绘画在元代的继承和发展。永乐宫壁画主要以线描和重彩勾填为主要表现手法，其涵盖了画家对解剖、透视的理解，同时也体现了画家对“线”性审美的升华和驾驭宏伟巨制时对线描高超技艺的要求，所以线的质感、美感耀眼夺目、灵动而厚重。看壁画中的神像虽然高度、朝向大致一样，但人物地位、性格、性别的描绘各具神采；再看荷花、牡丹的描绘则是含苞待放，栩栩如生，精巧动人。这些线条淋漓尽致地、准确地传达了当时的人文环境。（图6-14）

图6-14 永乐宫壁画（局部）

教学目标：临摹、练习永乐宫壁画的造型与表现。

绘画任务：画1张1开的白描人物，临摹1张1开的色彩人物。

第八天和第九天　地点：永乐宫

教学内容：永乐宫建筑和壁画。

教学目标：临摹、练习永乐宫壁画的造型与表现。

绘画任务：画2张1开的白描人物，临摹2张1开的色彩人物。

第十天　地点：永乐宫

教学内容：永乐宫壁画与道教文化。

教学目标：了解永乐宫壁画与道教文化。

细看永乐宫的壁画，我们可以发现其大量道教人物都是真实存在过的历史人物，而他们都是在今世修炼成仙的。前面说过，这些今世成仙的人物中，最大的代表便是永乐宫供奉的对象——被道教尊为“吕祖”的“八仙”之一吕洞宾。

永乐宫是源远流长、影响甚大的道教文化圣地，作为全真道三大“祖庭”之一，其建筑布局完全是按照道教的象征意义和道教活动的需要设计的。“殿阁巍巍，按天上之九星而罗列，道院森森，照地下八卦而排成。”其壁画是围绕道教神仙群体朝拜元始天尊及《纯阳帝君神游显化图》《王重阳画传》展开的，题材内容反映了道教的重大活动。

另外，就永乐宫全景而言，它本身就是一座有特殊价值的大型寺庙园林，其道学特征决定了它的寺庙特性，由于它建在吕洞宾的家乡，其更有特殊意义。吕洞宾在道学、养生学、医学、书法、丹经、诗赋、道德、教育、剑法等方面有精深造诣，故而声名远播，不仅被全真道奉为师祖，而且被道教各派尊为师祖。他主张和推行性命双修，拓宽人的生命境界，以达到更为纯洁、更为超然的精神状态和更为纯粹、更为高级的生命状态，他的清静无为、以静养生、“本源论”、“本体论”、“三教合一”的理论和实践，创新、发展和光大了中国的道教文化。

学习任务：整理资料，为回到徐州进行绘画创作做准备。

自然景观中的美术学习

柒 自然景观中的美术学习

自然景观是指大自然自身形成的自然风景，是具有一定美学、科学价值等景物所构成的自然风光景象。自然中孕育着大道，早在老子时期就提出了“大道自然”。知识从哪儿来？从自然中来，从对自然的观察中来。让我们走进自然，走进万物，走进生命，细细描绘吧！

一、植物写生与创作指导

案例1

美丽的树叶

（适合5~8岁孩子学习）

李影

（一）课题设想

培养孩子热爱大自然、观察大自然的好习惯，培养孩子善于观察的能力。让孩子了解大自然的四季变化规律、树木的基本种类等。

（二）引导观察

带孩子到树林里捡自己喜欢的不同造型、不同花纹的树叶，并从中挑选几片纹理清晰、颜色多样的树叶。秋天的树叶很美，树叶的纹理叶脉更是细密清晰、生动自然。树叶的品种很多，颜色更是五彩缤纷、绚丽多彩。有的树叶上呈现多种花纹、多种颜色，或明或暗、或冷或暖、或灰或艳；还有的树叶颜色有多层、多段变化及多种颜色花纹镶边，自然之美既奥妙又神奇。让我们仔细观察一下捡来的树叶，看看它们有什么不同。

（三）创作提示

1. 仔细观察树叶的外形。树叶的外形是多样化的，有桃形的、长条形的、椭圆形的，也有多角形的、扇形的。有的树叶边缘整齐，有的呈锯齿状，有的是弧线豁口形的。我们只有仔细观察了这些树叶的特征，下笔时才会胸有成竹，画得生动。

2. 树叶的颜色。树叶的颜色以绿色为主，但也有紫、红、橙、棕、黄等颜色，有的树叶上有多种颜色，作画时要注意颜色的细微变化，如绿色中带有黄色、红色中带有绿色等。画好树叶颜色的“微差”，能使树叶的色彩显得更丰富。

3. 树叶的叶筋纹理。叶筋是树叶的叶脉，是输送水分和养分的通道。叶筋的形态取决于叶的外形，如银杏叶的叶筋从叶根部呈扇面排开等。画好叶筋能使树叶更形象、更好看。

（四）指导要点

1. 选择几片自己喜欢的树叶，真实地画出树叶的外形、颜色和纹理，也可按自己的想法综合其他树叶的造型特点，画出自己想象的、并不一定存在的树叶造型。

2. 安排好画面的构成元素是画好画的关键，有时画面的效果并不是技巧的原因。如在同样的情况下，画面上两三片较大的树叶要比很多较小的树叶画面更有视觉感。前者大小有别、主体突出，后者画面松散、缺少整体感。

（五）课后随笔

本课题通过对树叶的仔细观察与描写，培养孩子观察思考及表现的能力，以及探索求知的精神。（图7-1、图7-2）

图7-1左
树叶写生
（李靖仪8岁）

图7-2右
树叶写生
（都月林7岁）

二、动物写生与创作指导

案例2

一只美丽的小鸟

（适合5~8岁孩子学习）

李影

（一）课题设想

提高孩子的环境保护意识，培养孩子的想象力、创造力，以及爱护动物的良好习惯。

（二）引导观察

1. 世界上为人所知的鸟类有9000多种，它们是分布最广、种类最多的一个类群。

2. 鸟类不仅有漂亮的羽毛、动听的歌喉，还是消灭害虫的能手，为维护生态平衡做出了很大的贡献，是人类的朋友。

3. 鸟属于脊椎动物，全身长有羽毛，卵生，没牙齿，大部分鸟都会飞，只有翅膀退化的鸟不会飞，如鸵鸟。

（三）创作提示

1. 鸟的种类繁多，羽毛的色彩也千变万化，但它们共有的特征是不会变的。如鸟有爪子、腿、尾巴、羽毛等，把这些画下来就是一只完整的鸟了。

2. “什么样的鸟好看”，这跟自己的爱好有关，别人喜欢的你不一定喜欢，要相信自己的眼睛，要有自己的主见。

3. 画的方法因人而异、因鸟而异，可以用线条精雕细刻，也可以用色彩任意涂抹，你认为怎样画能表达你心里喜欢的鸟，就大胆地表现。

（四）指导要点

面对会飞、会动的小鸟，我们要插上想象的翅膀，画出一只你认为最美丽的小鸟，或是一群小鸟。作画的关键是自己的理解及对画面的组织处理。要跟着自己的感觉走，这样画出来的画更放松。

（五）课后随笔

孩子们画的鸟并非生活中真实、具体的鸟，而是孩子们对自己见过的鸟的印象，是孩子们对鸟的形象的认知。孩子无论是面对事物写生还是默写想象，画得像与不像并不重要，重要的是画的是自己喜欢的、认知理解的东西，这样才能提高他们的创作能力和思维想象能力。（图7-3、图7-4）

图7-3　小鸟写生（刘涵7岁）

图7-4右　小鸟写生（孙梦实8岁）

三、风景写生与创作指导

案例3

沂蒙山大洼写生

李影

风景写生是面对大自然，用画笔和颜料在画面上抒发情怀的一种方法，也是绘画中对色彩进行训练的最佳途径。沂蒙山大洼风景幽美，很适合风景写生。2016年的暑假，我带着孩子们去了大洼，进行了为期一周的风景写生。

（一）课题设想

1. 培养孩子面对风景如画的大自然的感悟能力，学会如何在风景写生中构图、描绘与表现。

2. 让孩子养成风景写生的习惯，对大自然的四季变化规律，用绘画进行记录描绘的能力。

3. 提高孩子对主观色彩的构成与概括能力。

（二）引导观察

风景写生中，面对错综复杂的景物，以及自然现象的光怪陆离、瞬息变化，要在画面中建立一个主色调，并能在这样一个主色调的环境下选取构成画面的造型元素，如山石树木、小桥流水、房屋田舍、崎岖小径等。

（三）创作提示

1. 仔细观察山石、树木等景物的造型。大洼的山石造型多为圆滚滚的椭圆形，树木有柿子树、板栗树等，石间杂生着不知名的花草，山间小溪从鹅卵石间流过。

2. 构图要饱满，注意景物的大小比例、前后关系、色彩的组织安排。

（四）指导要点

1. 选择恰当视角和要画的景物对象进行有效的构图，画出具有一定主观感悟的景物造型。

2. 安排好画面的构成元素，选取自己感兴趣的色调，其具有一定的客观性。

3. 画面要突出主体，画的感觉要轻松自然，富有整体感。

（五）课后随笔

本课题通过对沂蒙山大洼自然风景的观察与描绘，不仅能够培养孩子的观察思考与写生能力，而且能够培养孩子热爱和探索大自然的精神。（图7-5至图7-8）

图7-5 风景写生（董千里10岁）

图7-6 风景写生（薛舒文9岁）

图7-7 风景写生1（余睿昊8岁）

图7-8 风景写生2（余睿昊8岁）

案例4

桂林风景写生游学

于庆良　夏可可　杨世荣

艺术游学，不仅仅是旅游，更是利用不同地域的风土人情、地貌环境，让孩子用艺术家的观察方式和视角来看待这个世界，发现世界的美、欣赏世界的美。我们通过旅行的方式，让孩子感受不同文化背景下衍生出的多样性艺术，培养孩子以开放性的态度感受和认识世界，跟着有情怀的人，做着有情怀的事，长大成为一个有情怀的人。

图7-9　乘坐小竹排来到遇龙桥

夜色朦胧中我们来到了桂林，这个时候的桂林还像个羞答答的小姑娘，充满着神秘感。带着旅行的喜悦，我们来到了美丽的漓江，乘着游轮欣赏阳朔的美景，山清水秀，湖水清澈见底。“小小竹排江中游，巍巍青山两岸走。”初见桂林山水，耳边响起了这首歌。在大自然的山水中，心情莫名就变得轻松起来，潺潺流水带走了一切烦恼。“桂林山水甲天下”果然名不虚传，当然，绘画日记也悄然开始啦。

游完山看完水，我们来到了漓江下游。此刻孩子们都是认真的小画家，开始了他们的第一幅游学写生作品，把桂林的山水尽收笔下。在美丽的桂林，人总会变得诗情画意起来。我们来到了遇龙桥，感受小桥流水、岁月悠悠的静谧时光。在玩中学、在学中玩是我们此次旅行的主题，大自然像个母亲一样，在她的面前我们都是小孩子。（图7-9）

我们乘着缆车来到了龙脊梯田，这里溪流众多，水源充足，山上植被四季常青。山寨的房屋是清一色的吊脚楼，错落有序的山寨与大山融为一体，古朴清雅，大有返璞归真、回归自然之感。梯田整齐有序，线条丰富多彩，线条形状以曲线为主，曲线具有一种动态美，尤其是那些长长的曲线和波浪线，使人联想到，这些梯田好像是天上飘落的彩带；有沿着山体形状的梯田，一圈一圈的，像宝塔一样，增强了田园的造型美；还有的梯田连成一片像山鹰展翅一般。如果把大自然比作大画家，那一定没人能超越它。（图7-10至图7-12）

象鼻山集桂林山水山清、水秀、洞奇、石美的特点于一身，因酷似一头江边饮水的大象而得名，它被人们看作是桂林山水的灵魂和桂林城市的标志。亲临2017年央视春晚分会场，近距离感受到了山水相结合的实景舞台艺术魅力，感受到了“水底有明月，水上明月浮，水流月不去，月去水还流”的完美意境，寻找天上、洞中、水底月亮相互辉映的奇景。

孩子们眼中的象鼻山就是这么的可爱。（图7-13至图7-15）

图7-10　龙脊梯田

图7-1　龙脊梯田写生1（张泽瑄8岁）

图7-14 龙脊梯田写生2（张泽瑄8岁）

图7-13 象鼻山写生（张泽瑄8岁）

图7-11 象鼻山写生1（职琮蕊7岁）

图7-15 象鼻山写生2（职琮蕊7岁）

08

美术游学中对人物绘画的表现与指导

捌 美术游学中对人物绘画的表现与指导

在绘画的学习中，人物画往往被成人认为是最难画的，然而对于孩子而言，画人物却是最容易的。当孩子在低龄幼儿期，最先画的是人物，具体地说，最早画的人物通常是自己的妈妈。随着年龄的增加，孩子越来越觉得人物难画了，那是因为成人的世界给了孩子莫大的压力，使孩子不会用自己天生的本领去处理自己赋予情感的人物绘画了。孩子原生态的绘画就是成人没有染指的绘画，是孩子自我身心的情感表现，它不是成人世界里的像与不像。随着成人世界的评价标准与观念的影响，孩子会觉得人物画难画了，甚至不愿意画人物画了。那么孩子画人物是想表达什么呢？成人对人物画的标准就是评价孩子的标准吗？绘画中的人物有哪些表现呢？在游学中对人物绘画应该怎样指导呢？

一、孩子对人物绘画的表现特点

孩子最先画出来的人物形象通常是自己的妈妈。

孩子对人物绘画的表现，一般说来，从孩子能够用笔画出一个封闭的图形就开始了。所谓封闭的图形，就是孩子在纸上由起始点开始画，画出去的线能够回到起点，形成一个完备的图形。通过美术教育学者李凌老师的长期观察，这就是孩子探索有意义图形的开始，也许他们就是在画自己妈妈的脸，人物画从这一刻就开始了。随着时间的推移，孩子握笔能力的增强，他们所绘的人物形象会越来越具体，从在圆形上点两个点，孩子说这是妈妈；到圆形周围画出了线，孩子说这是妈妈；再到圆形下方及左右画出了线，孩子说这是妈妈。（图8-1至图8-3）

孩子对人物画的表现具有一定的示意性，他们所要表现的是自己最熟知的事物。孩子对人物的认识是从妈妈开始的，确切地说是从妈妈的面孔开始的，妈妈的脸成了孩子最初与人交流的对象，妈妈的音容笑貌、五官表情、喜怒哀乐都是通过面部表情展现的，因而会被孩子看作是最重要的。因为四肢不会“说话”，没有“表情”，所以在孩子心里没多

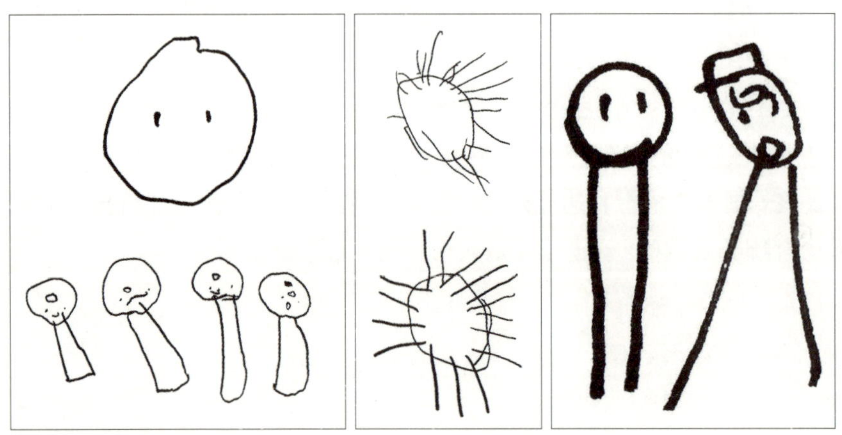

图8-1至图8-3
引自李凌. 解读幼儿图画密码[M]. 石家庄：河北美术出版社，2016. 第6页、8页、27页。

大印象。孩子虽把人的四肢看得很轻，但随着对外界事物的认知，三岁多的孩子对人的四肢有了初步认识，于是他们在圆形的周围画上了线条，那就是对四肢的认识。孩子在涂鸦期画的妈妈，只不过是一个似圆非圆的大圆圈，在大圆圈里有几个小圆圈，以表示五官的存在。这时，对事物极富于创造性认识的“蝌蚪人”由此诞生了。（图8–4、图8–5）

随着孩子年龄的增长，对绘画人物的观察力及分析思考的能力逐渐加强，这时应让孩子对生活中的人物进行写生。当然，这里说的写生不等同于成人的写生，成人的写生虽然在造型的需要上有很大的取舍，但还是具有客观的真实性，而孩子的写生是通过写生这个过程来画自己心里所想的东西。其画面中的人物与要写生的对象相差较远，只是一个印象，也只是一个大概。孩子的写生实际上是记忆、联想、创造加写生，年龄越小的孩子画画往记忆、联想、创造方面靠得越近。另外，随着年龄的增长也使孩子的画在心理和生理上都会发生不同的变化，老师和家长要随着孩子年龄的增长适时地调整孩子的绘画课题，否则孩子会不再喜欢画画。孩子对绘画人物的表现还存在着性别差异，一般女孩在形象思维、感性认知方面优于男孩，对人物画的表现特征比较明确，整体感受较为完整；男孩在逻辑思维、理性认知方面优于女孩，在对人物画的描绘中经常是局部结构较好，具有合理的推断，但整体感受较弱，特征也不太明显。

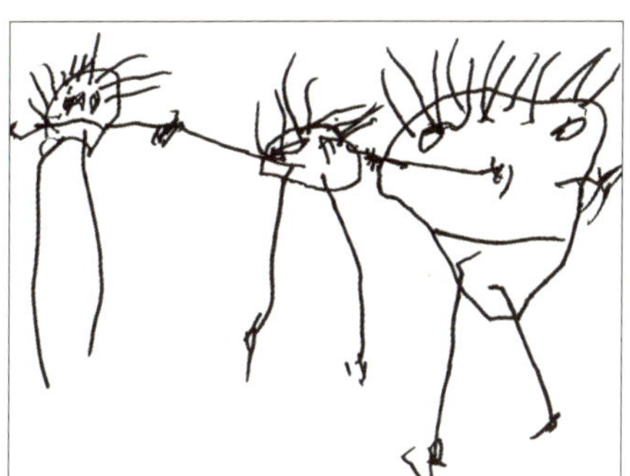

图8-4左
引自［美］罗恩菲德. 创造与心智的成长[M].长沙：湖南美术出版社，2002. 第100页。

图8-5右
引自李凌. 解读幼儿图画密码[M]. 石家庄：河北美术出版社，2016. 第26页。

图8-6左
引自杨景芝. 美术教育与人的发展[M]. 北京: 人民美术出版社, 2003. 第33页。

图8-7右
引自李凌. 解读幼儿图画密码[M]. 石家庄: 河北美术出版社, 2016. 第14页。

随着年龄的增长孩子对人物画的表现会越来越具体，对于人物的头、躯干、上肢与下肢都能够表现出来。在绘画的过程中，每个孩子对于人物画的表现侧重于自己感兴趣的点，并在画面中会夸大自己认为重要的，或是自己需要的部分（图8–6、图8–7）。在成人的绘画世界里这是荒谬的，但在孩子的世界里它是有趣的，画面是精彩的。这才是孩子的绘画世界，而并非成人在像与不像的评价标准中，以揠苗助长的方式教出来的人物画作品。孩子的人物画作品是孩子自由创生出来的，有孩子的盎然生机，正如毕加索所说：“我十四岁就学会了像成人一样画画，但我却用剩下的一生去学习像儿童一样画画。”

二、游学中对孩子人物绘画的指导

对孩子人物绘画的指导应以趣味与想象作为主要的绘画原则，在创想的前提下进行，注重观察人物的特征、动态等，并把对人物的直观感受画出来。

游学中对孩子人物画的指导过程要求老师与家长要根据孩子年龄的不同分类指导。一般分为低龄段、中龄段和高龄段，针对各年龄段孩子的特点进行观察与引导。在孩子边画边玩中解决绘画要传达的信息，使孩子在愉悦的环境中不仅完成了完整的画面，而且从中潜移默化地获得了对绘画的认知经验，实现了以绘画这种方式与世界交流的目的。

孩子对人物绘画的表现，应该以趣味与想象作为主要的绘画原则，在创想的前提下进行，注重对人物表现线条的疏密安排与组合关系，注重观察人物的特征与动态的变化，并把这种感受直接画出来，不求面面俱到，更不以画得像与不像作为衡量标准。在人物绘画中，应注重观察人物的特征，人的相貌是独一无二的，在观察人物特征的基础上完成对人物的描绘，对孩子的人物画有很大的帮助。在游学中，孩子对外界的观察是亲身经历的过程，在此过程中对不同地域的风土人情都是有不同感悟的。在游学中对当地文化的学习，以及对故事桥段的了解，对孩子绘画丰富的人物与人物精神面貌是尤为重要的，所以要在美术游学前期进行一些相关知识的学习，这就要求老师与家长能够按照美术游学的计划完成相应的前期工作。

低龄段一般是指三四岁的孩子，中龄段一般是指五六岁的孩子。在对这些孩子进行人物画指导的过程中，重要的是画画活动的过程，把画人物画作为一个活动展开。美术游学本身就是一个活动感极强的学习过程，低龄段的孩子很容易就能够融入这种绘画活动中，至于画得如何已不重要，重要的是活动过程。当然，低龄段的孩子更加需要老师的指导与陈述式的鼓励。如图8-8《跳舞的人》是一名4岁的小女孩画的写生人物画，她画出了舞动飞扬的头发、挥动的双臂，整个过程很愉悦；图8-9《交警》是一位6岁的小男孩画的

图8-8左
引自李凌. 解读幼儿图画密码[M]. 石家庄: 河北美术出版社, 2016. 第153页。

图8-9右
引自李凌李凌. 解读幼儿图画密码[M]. 石家庄: 河北美术出版社, 2016. 第58页。

人物画，他把人物的身份特点观察得细致入微，如帽徽、肩章、腰带，甚至还有交警胸前的哨子都画得十分详细。

高龄段的孩子一般指七八岁以上的孩子，他们的绘画能力有了跨越式的增长。在这一阶段，他们对美的一般规律及美术的基本技法开始有所掌握，在指导中，老师与家长要讲授一些构图的基本方法和美的形式规律等，具体的如线面组合、疏密对比、大小方向等。这样，孩子的画面才会丰富饱满而有趣，并透露出孩子的天真。（图8–10、图8–11）

图8-10左
引自李凌，李影. 儿童创意画教程100课[M]. 济南：山东人民出版社，2008. 第245页。

图8-11右
引自同上

图8-12左
人物画（刘畅9岁）

图8-13右
人物画（陈文浩8岁）

图8-12、图8-13付以华老师指导的学生人物画笔触轻松自如，人物形象非常生动，堪称佳作。

三、游学中人物绘画场景的选择

根据美术游学的计划与考察的目的，老师与家长要提前对游学中人物绘画场景的选择做一些设计与安排。从形式上可以设计为写生人物画、默写人物画，这样不仅可以现场

图8-14 写生作品（余佳11岁）

边玩边画，也可以回到住处后默写今天观察和感受到的人物；从区域上可以设计为机场、车站、游学景点、乡村的庙会和集市等，这些都是很好的题材。图8-14是徐崇老师带孩子们去乡下赶集时创作的，孩子用自己的观察和分析，用线条一步步呈现出了一个热闹非凡且乡土气息浓郁的场景。这种方法可以培养孩子对公共场景中大型群体人物的绘画组织与表现能力，且能很好地培养孩子的自信心和敏锐的观察力。从民族特征方面来说，可以设计一些少数民族地区的人物画写生或默写任务，这样孩子不仅对其有较好的新鲜感，而且对不同民族之间的人物特征、服饰差异等有一个更好的认识。

在美术游学中，场景的选择是灵活多变的，如火车站、机场的候车（机）场所等。游学的过程中我们经常会在这些地方长时间等候，我们可以适当地在这些场景中安排一些人物写生，在此过程中要求孩子们对人物场景和动态感觉有所表现，不要求对细节的刻画。

另外，在游学中对一些少数民族区域，可以设计一些固定的人物写生，在悠闲、安逸的环境中开展少数民族人物画写生活动，这样孩子不仅能感受到人物服装的差异特点，而且能够融入环境中去认知和领悟。

最后，对孩子在游学中的人物画有一个怎样的评价呢？游学中孩子的人物画可能是最有趣的作品，游学对于孩子来说，不仅是行万里路、读万卷书，而且是在活动中积极实践、手脑眼的全方位协调发展。孩童阶段的绘画是实现人生感悟的一个很好的通道，在此过程中，老师与家长都应有“轻知识，重感悟，轻结果，重过程”的思想意识。对于孩子的成长来说，是需要老师与家长不断地学习和自我完善的，如若不然，老师与家长都会落伍于孩子的成长。

案例

人物场景创作的教学随笔

胡上炬

观察是画好画的根本。学生画人物往往缺乏信心，总认为自己画不像，如果学生学会观察，其实画人物和画静物都是一个道理。

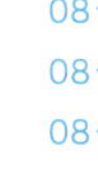

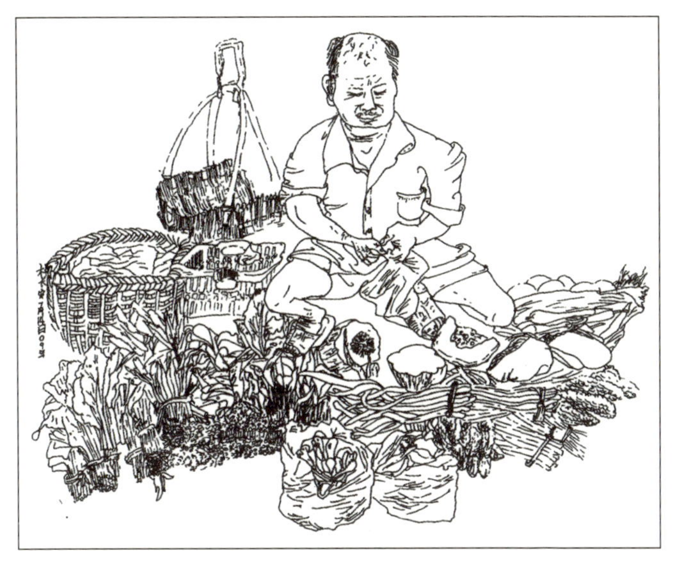

图8-15
人物场景写生
（林长安8岁）

一般来说，有了写生基础训练，再创作人物场景就轻松多了。在创作前，我们根据创作题材的需要，收集了当地闹元宵的板凳龙、舞狮子和菜市场买菜的场面等题材作为资料。这些题材学生们都比较熟悉，画起来也比较亲切。

准备好了创作素材，再让每个学生根据自己的爱好确定创作题材。如有的学生爱画板凳龙，有的学生爱画舞狮子，有的学生爱画菜市场等。确定好了创作题材，学生就可以根据自己创作的需要进一步收集素材，为下一步创作做好准备。

创作前引导学生欣赏一些名家的优秀作品，让学生从小就接触经典，与大师直接对话，我认为是很有必要的。通过欣赏名家作品，学生发展的起点高了，眼界开阔了，对美的知觉和选择也更敏感，这能让学生从小练就一双"慧眼"。因为学生较强的接受能力及模仿能力，学好和学歪都很容易，所以不要拿那些低俗的作品"污染"了他们的眼睛。

学生通过欣赏名家的作品，对主题创作思想和画面安排等绘画技巧有所了解后，我们可以让学生从画面的构图、内容的主次、人物和景物的前后遮挡关系等方面先画一张草稿。

接下来，学生可以从自己喜欢的素材内容入手。作画的顺序从前到后或者从左到右，依次逐步画开。画人物时要观察好人物的表情、动作、服饰等特征的变化，以及人物衣服褶皱的线条叠压关系，更重要的是，要充分表现人物场景的整体氛围，避免造成画面零散，要使画面完整统一。

如果学生在创作的过程中遇到困惑，老师只是给予建议性的指导，不要轻易去修改他们的画，老师不能按自己的作画方式和对作品的审美喜好，取代学生在自己作品中所表现出来的思想和情趣。

画幅较大的作品，大部分学生要花四天左右的时间才能完成，除了要有耐心外，还要求注意力高度集中，这也是对学生毅力的考验。（图8-15至图8-17）

图8-16 人物场景写生（廖子秋11岁）

图8-17 人物场景写生（林慧鹏9岁）

09

怎样在游学中培养孩子的观察力

玖 怎样在游学中培养孩子的观察力

人的生存和发展是建立在对世界的认知基础之上的，对外界的观察是获得知识技能最主要的渠道。在游学中获得的财富无疑是对游学过程的体验感受，乃至上升为对人生的一种感悟。游学中，美术的学习最重要的一点就是观察。美术对于孩子来说，就是外界事物在他们的认知中留下的具有特质的形象、色彩。这种特质一方面是事物本身的特色，与众不同；另一方面是孩子内心感兴趣的事物特征及观察的视角不同而留下的符号记忆。如果我们陪同孩子在游学中进行美术学习，如何使孩子对所观察的外界事物产生兴趣，并通过自己的视角画出来，这是我们的责任。

一、怎样培养孩子的观察力

观察是一种能力，是可以培养的。爱观察是孩子的天性，是孩子心理和生理发展的规律。小孩好动没有耐性，对待事物只能以他们的认知程度来观察和绘画。作为老师或家长的我们，怎样才能把对事物的观察认知与方法传授给孩子呢？首先，必须言简意赅，且语调平和、环境放松，切忌在讲解中过多重复或在绘画过程中指指点点，这样容易使孩子无所适从，不仅无法使孩子观察绘画的对象，还可能会得到适得其反的效果。其次，我们要以游戏或讲故事的方法，并试着以孩子的观点来引导他们对事物的观察，把绘画对象的特征融入游戏、故事之中启发他们。孩子对故事的需求，家长们可想而知。那么，怎样根据场景编一个可以导入观察的故事呢？这就需要智慧的老师和家长了。如可以以绘画游戏的方式、找不同的方法等来引导孩子抓住绘画对象的特点，在游戏活动中进行讨论，然后让他们安静下来画画，这样孩子在游戏中就能画出生动的、特征明显的画来。

大千世界从不缺少美，缺少的是一双发现美的眼睛。发现从观察中来，牛顿对色彩原理的发现就有一个美丽的故事。早在17世纪中期，牛顿还在读书时，由于有一天晚上他做实验得太晚，所以第二天起床得很迟，当他醒来时看到透过门缝的阳光照到桌面上的碎玻璃在桌上留下淡淡的赤橙黄绿青蓝紫光带时，他陷入了沉思。经过他的多次实验，他发现了一束白光通过三棱镜可以分解为七种色光，并于1666年发表了自己的色彩原理论文，对后世的色彩科学产生了极大的影响。

二、如何引导孩子观察自然景观

自然景观是指可见景物中，未曾受人类影响的部分。面对自然景观进行美术写生时，孩子眼中看到了什么？画面上画出了什么？为什么面对同一自然景观，有些孩子画的画趣味横生，而有些孩子的画面则杂乱，缺少对比？甚至导致有的孩子对绘画失去了兴趣，家长也感

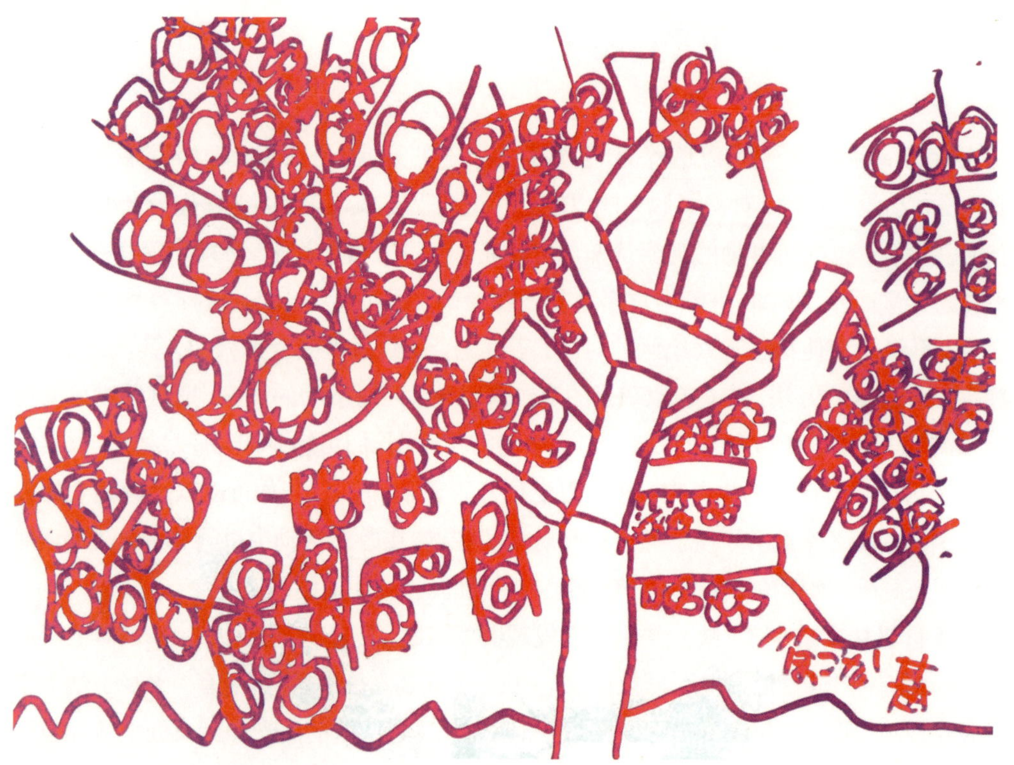

图9-1
自然景观写生
（徐泷基5岁）

到无能为力。面对这样的情况，我们要加强孩子对自然景观的观察能力。在美术创作中，对比关系的调和是形成美感的前提。那么对比、调和从哪儿来呢？从观察中来。传说伏羲画八卦就是从观察中获得的灵感。据说我们现在去河南伏羲八卦台向四周观察，还能隐约看到八卦图像的影子。

旅游中我们看到自然景观，不禁赞叹大自然的鬼斧神工。面对杂乱无章的绘画对象孩子该如何选择呢？我们应该引导孩子在观察中选择自己感兴趣的，在画面中把它画大，将其作为主要的描绘对象。在对自然景观进行观察时可以结合想象，并用夸张、对比的手法来强化孩子对画面的组织能力。孩子画大自然中的树，他们把树干用长方块按自己的理解将其如棍棒一样连接在一起，树叶则像串糖葫芦一样表现，单从画面而言，他们对观察到的树表现出了疏密主次关系。（图9–1）

三、如何引导孩子观察人文景观

人文景观又称文化景观，是人们日常生活中，为了满足一些物质和精神等方面的需要，在自然景观的基础上，叠加文化特质而构成的景观。简单地说，就是打上人类影响烙印的景观。在游学中，人文景观经常让人感叹劳动人民的伟大，人类文明的智慧，这也是游学中美术学习的一个重要部分。对于人文景观的观察，当然讲故事的方法是最为有效的，因为人文景观本身就有着动人的故事桥段。以故事导入对人文景观的观察，是老师和家长行之有效的方法，但需要老师和家长在开展游学前就要做好这方面的准备，把那些人文景观故事以孩子的观点表达出来。对于人文景观的写生，要尊重孩子的观察和认知能力，以孩子的生理和心理特点为指导，以孩子观察的兴趣点作为主要的表现对象来完成画面的组合。如图9-2，孩子为了表现自己观察到的事物，她把房间里的人在做什么，以孩子的认知，用视觉

图9-2
写生作品（陈北娟7岁）

形象的绘画描绘了出来。孩子用自己的处理办法——透明法，不仅画出了房间里的景物形象，还生动地画出了妈妈在做饭、爸爸在睡觉的表情动作，画面饱满而有秩序。这种透明画法是孩子在用自己的绘画技巧表达自己的认知，是孩子视觉与认知发展的过程。

四、建立自己的观察视角

在引导孩子进行美术观察时，一方面要培养孩子以独特的视角观察事物的能力，另一方面要培养孩子“横看成岭侧成峰，远近高低各不同”——多个视角看事物的能力。最重要的是，让他们从中发现适合入画的视觉元素和潜移默化地把美术的学习融入其中，建立孩子自己的观察方法。孩子在六岁前是属于大自然的，在绘画上他们不需要太多的指导，他们有自己处理画面的一套方法。我们所能做的就是引导他们建立属于他们自己的观察视角，让他们有一个纯真的童年，而不是让他们过早地进入成人的世界，对事物的观察总是戴着一副有色眼镜。

孩子对事物的感受是纯真的，对事物和观察是凭直觉的，对绘画的表现是根据自己兴趣的。对于观察的目的性，心理学家朱智贤有这样的论述：“三岁儿童的观察已有一定的有意象性，但水平很低；四五岁的儿童观察的有意象性有很大的提高，能用言语表达观察目的，组织自己的感知；六岁儿童的观察就富于目的性，能按活动的任务或成人的要求来进行了，而很多六岁儿童内部言语支配调节自己的知觉活动。”三岁的孩子画画已带有“有意象性”了，但他们画的形象究竟想表达什么，只有通过孩子来解说，但画面中孩子肯定已经建立了自己的观察角度和要诠释的内容。四五岁的孩子对事物的观察就更为细致，他们观察的视角往往与自己的兴趣、性格和生活环境有关，男孩和女孩也存在着很大不同。六岁的孩子可以画出复杂的衣服花纹和人的头发、眉毛、鼻子及动作等，内容更多并且有了丰富的变化。没有生活感悟和想法的孩子是画不出有独特观察视角和丰富细节的作品的。随着年龄的增长，孩子对事物的形体感越来越敏感，观察也越来越有目的性，善于把握事物的特征，才能主观地运用造型要素使画面更符合艺术的要求。

在美术的创作中，只有建立自己独特的视角，才有可能画出独一无二的作品，所以，如何引导孩子选择适合自己的观察视角是一个值得我们思考的问题。孩子的年龄不同、性格不同、气质类型不同、生活环境不同……老师和家长应该认真地根据孩子的生理和心理特点，有针对性地帮助孩子建立适合他们的观察视角。切记不可拿孩子以个人视角完成的作品，与家长认为好的作品进行比较，甚至批评自己孩子的画不如其他孩子的画画得好等。

五、安静地等待是最好的办法

在游学中学习美术，观察是一个重要的环节。对于观察力的培养，作为家长在此过程中更重要的是安静地陪伴，等待孩子与他要描绘的对象建立一个联系。在学习美术的过程中，孩子一旦确立了绘画的目标，我们只需要把观察的要点教授给孩子，对其进行有效的引导，在一旁安静等待即可。儿童美术教育学者李凌说："等待出想象，闲暇出自由，平静出智慧，个性出创造。"这是对孩子学习美术的真知灼见。在游学中培养孩了的观察力，尤其是在面对景物写生时，我们要做的就是保持耐心，陪伴和等待孩子把观察和描绘的对象，用自己的绘画语言表现出来。家长不能在旁边指指点点，以成人的认知来指责孩子的画，或者认为其他孩子画得好，总是唠叨个没完，如"你去看看谁谁的画画得多好"，会导致孩子无法遵从自己内心完成观察后的认知，并用自己专属的一套方法画出一幅画。（图9-3、图9-4）

图9-3左
植物写生（陈文可12岁）

图9-4右
植物写生（陈成乐10岁）

10

家长在游学中的角色

拾 家长在游学中的角色

家长在游学中的角色很重要，有家长的陪伴孩子会从心理上获得安全感。在游学中，家长既要保持良好的心态，对每天的生活充满新鲜感，又要具备丰富的情感，让积极向上的心境融于与孩子游学的过程中。家长在游学中要陪孩子一起思考，善于理解孩子，对孩子的美术作品能够由衷地感到喜悦和欣慰，适当地给予孩子鼓励和肯定，然后慢慢地静待花开。

以下的两个案例，提出了一些对家长在游学中的建议与思考。

案例1

安徽查济古村落写生

李影

那年夏天，我们来到安徽查济古村落写生，这是一个拥有140多处元、明、清时期建筑的古村落。黑色的马头墙，泛黄的斑驳白墙，有一种独特的岁月感，小桥、流水、人家，安静的村子里处处皆景。我们一行几十人，分散在小村的各处，有一组在一座小桥边画河对岸的戏台，我远远就听到一位妈妈的训斥："你看看，看仔细，不是你画的这样子的，你怎么观察的？太粗心了，一点儿也不细心，你能画好吗？"孩子的表情有点儿不耐烦，这位妈妈不依不饶，还在继续说。最后，他妈妈说，你不要再画了，我来画给你看。孩子当时就气愤地站了起来，一声不响地走开了，此时的这位妈妈一边嘴上抱怨着孩子画得不行，一边坐下想在画面上做修改。

根据这个案例，我们不难看出，家长和孩子的关系直接影响着游学的学习历程，家长希望孩子更认真，孩子希望家长更尊重自己的想法，结果不欢而散。那么，哪种方式最为适度呢?下面我们来谈一谈在游学中家长所担任的角色。

一是，家长要做支持者，既是老师的支持者，也是孩子的支持者。团队活动时，家长要引导孩子遵守老师的统一安排和行程计划，当孩子有情绪和不满时，家长就连接老师和孩子之间的一座桥梁，需要及时地沟通，及时地处理。我们常常看到生活在城市里的孩子，面对乡村的环境或多或少会有一些不适应，比如：蚊虫太多、饭菜不合口味等，家长需要在第一时间帮助孩子适应环境，对老师生活上的安排和专业上的指导给予充分的支持。家长也要做孩子的支持者，并且不是只对孩子正确时的支持。孩子正确时支持和鼓励，这一点相信家长都不难做到，重要的是当孩子出现失误或即将出现失误时，家长的心态和处理方式往往决定了孩子能否自己独立思考和独立面对问题，从而使他们获得真正成长的机会。

换句话说，就是家长能否允许孩子失败，尝试失败，接纳失败。人漫长的一生，哪能只有成功而没有失败呢？人生真正的淡定和从容，不是面对辉煌的时刻，而是面对失败的时候。那么，利用生活中的点点滴滴来塑造孩子的性格、培养孩子的担当能力和抗挫折能力就显得尤为重要了。家长在这个时候要收放有度，给孩子尝试的机会，即使家长知道结果会是失败的，也要让孩子自己去走过，自己去尝试，而不是直接告诉孩子答案，虽然这样是可以让孩子避免一些挫折，可是也让他们失去了很多可以学习人生经验的宝贵机会。家长要做孩子的支持者，孩子在正确时给予支持，错误时在保证人身安全的情况下，允许孩子适当尝试，这样反而能促使孩子反思错误、总结经验，学会积累宝贵的人生经验，这将会是孩子的一笔非常可贵的精神财富。

二是，家长要做倾听者。倾听是一个动词，狭义的倾听指凭借听觉器官接受语言信息，进而通过思维活动达到认知、理解的全过程，字面上的意思是你说我听的过程。广义上的倾听更为深层，包括语言交流、文字交流，在听与说之间，听者要给予说者同理心和充分的理解，及时地回应。家长要认真地倾听老师对孩子的指导和建议，当孩子不理解时，要及时、完整地向孩子转达老师的本意，帮助孩子理解。家长更要认真、耐心地去倾听孩子的心声，听孩子说说他们内心真正的想法、困惑、惊喜、收获，并了解孩子的心声。如遇到了不解时，要帮助孩子找到问题并分析问题，引导孩子自己去寻找答案。

案例2

宁波象山写生

李影

多年前的暑假，我们在宁波的象山写生，炎热的夏日，气温接近40℃，为了避开中午气温最高的时候，我们选择了早晚出来写生。一天早上，我们在象山渔港写生，9点多气温就已经35℃，尽管孩子们在荫凉下，仍然大汗淋漓。这时我听到一个孩子生气地对他的妈妈说："你看看人家的妈妈在干嘛，你从来不管我！"这位妈妈立刻蹲下来看着孩子的眼睛，平和地对孩子说："你现在是不是很需要我？"孩子依然带着生气的语气回答："是的！""那你可不可以告诉我，你希望我帮你做哪些事情呢？"孩子立刻在语气上也平和了很多，说："我希望你帮我撑一把伞，我真的很热。""好的，妈妈马上就去帮你拿伞，很快就会凉快一些。"孩子的情绪也随之恢复平静。

在这个案例中，由于天气炎热孩子在语言表达上更多的只是表达了自己的急躁情绪，而没有真正地说明自己内心的想法和需求。这位妈妈就是一个很好的倾听者，她能倾听到孩子情绪背后的需求是什么，并且引导孩子自己说出来。试想在现实中相同的情况下，更多的家长会对孩子这样说："我怎么不管你了，人家的妈妈好你去找人家的妈妈啊！"这样的对话，常常发生在我们的周围。

有时候我们只是表达了自己不满的情绪，而没有解决问题，没有聆听到情绪背后的需求。案例中的妈妈是非常智慧的，以她对孩子的了解，她知道孩子肯定是遇到了困难，她听出了孩子遇到的困难不是绘画的困难，听出了孩子还是很想继续完成作品的，听出了孩子发泄情绪的背后其实是想寻求帮助，然后引导孩子自己表达出请求，再予以正面的解决和正向的引导，安抚了孩子原本焦躁的内心，最后的结果是，事情解决了，孩子依然有好心情继续完成作品。这个案例很有代表性，只有用心地倾听孩子的内心，才会发现问题、引导问题，启发孩子自己去寻找问题的关键点和答案。所以，家长做好一个倾听者，是解决问题的关键一步。

三是，家长要做陪伴者。一个孩子的成长，家长是最重要的陪伴者，陪伴是对孩子最好的爱。在当今的社会环境下，家长忙于工作，往往忽视了对孩子的陪伴，把“没有时间”挂在嘴边，常常说忙于工作都是为了孩子、为了家才四处奔波。一方面家长有很多的无可奈何，没有太多时间陪伴孩子；另一方面，孩子需要在陪伴中找到亲情的归属感。

看似矛盾的问题，其实也有办法解决，家长不妨试一试不求陪伴的次数，追求陪伴的质量。高质量的陪伴，要求家长全身心地投入陪伴中，而不是身体在陪伴，眼睛离不开手机，或者不停地接电话，或者依旧忙于各种事务。我们要放下所有，平静地、纯粹地、温情地与孩子相伴，要营造一种家庭温暖的气氛，让每个人能感觉到被这个家庭所需要，在家庭中都有存在感，都有归宿感。通过游学感受大自然，感受生命中的美好，感受亲情的真挚，感受陪伴的意义。

四是，家长要做引导者。在团队的游学活动中，写生地点的选择、如何取景等往往有老师指导和安排。那么在以家庭为单位的游学中，家长不懂美术，能否直接引导孩子呢？答案是肯定的。除了绘画技巧上的指导外，家长可以从多个方面引导孩子。家长带孩子游学写生必须注意的事项中有一点就是对写生对象的选择，但处处风景，我们怎样才能选择一个合适且能引起孩子兴趣的景点呢？通常情况下，名胜古迹、江海渔村、水乡园林、宁静校园、繁华都市等有特色的环境，最能激发孩子的热情，引起他们作画的愿望，而且也能陶冶孩子的情操。但注意写生对象不宜过大，一般老师会教孩子用双手做取景框来取景。学会用取景框并不难，取景框内的风景就是画面的构图，这样可以帮助孩子更好地选择所要描绘的景物。

在游学的写生中，家长只宜引导，不宜压制。写生是孩子想象力自由发挥的时候，这对培养孩子的想象力和创作力十分有利，所以在孩子通过观察进入构思阶段时，要让他们尽情地去思考、去想象、去创作，不要限制孩子的画法，让孩子自己去做创作的主人。图10-1和图10-2是淡冰老师和李萍老师带孩子去云南大理游学时孩子所绘的作品。孩子根据真实的物象特征，一边写生一边想象，还创编了一个小故事，既生动又有趣。从技法到想象，再到文学创作，这正是我们希望看到的，孩子通过游学，不仅是对美术一个领域的学习，而且是对多个学科的跨领域学习。游学在这里是一个学习形式的载体，它启发和引导孩子进行多元学习。

此外，家长可以适当引导，充分肯定、鼓励孩子作画，适当指出画中不合理的地方，但言语要平和，不要带有指责和批评，要运用智慧的语言去解决问题，不应该是发泄情绪。

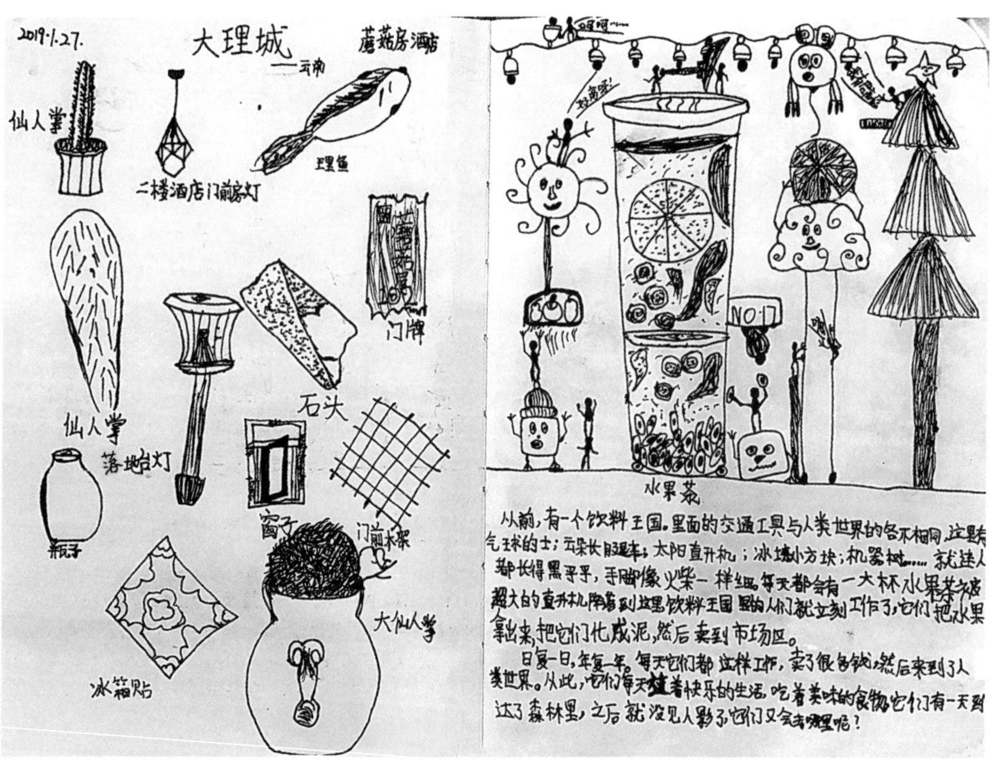

图10-1
游学日记1（胡旻曦10岁）

怎样才是解决问题呢？就是要让孩子心平气和地接纳你的建议，或者淡定自若地告诉家长“我想坚持自己的意见”。不管结果怎么样，家长都是用平静的语气来解决问题。

带孩子游学写生是一件很有意义的事，家长只要多付出一些耐心，多与孩子沟通，并不断实践和总结，对孩子的绘画能力、写作能力的提高和亲子关系变得更加融洽都是有好处的。无论孩子作画成功与否，家长都应该给予及时的肯定，我们游学并不是以培养画家为目的，而是让孩子走进大自然，领略大自然的美，培养孩子对审美的感知、对文化的认识、对自然的观察等能力，切忌不可打击孩子的积极性，应多鼓励孩子，让孩子多练习，在练习中总结和感受笔触由紧到松的过程，这恰恰也是内心由紧到松的过程。孩子的心打开了，放松了，绘画的灵动自然也就来了。

图10-2
游学日记2（胡旻曦10岁）

后记

我对绘画的喜爱是从幼年开始的，由于对儿时梦想的坚持，长大后才得以从事美术教学与创作工作。2003年大学毕业后，我成为南京晓庄学院的一名老师，从事儿童美术教育的教学研究工作，转眼在教学岗位上工作了十几个年头，期间读研、进修、外出学习等，始终努力研习与美术教育相关的理论知识与实践技法。此次，在教育部艺术教育委员会委员侯令老师的主持下，我有幸参与“家庭美育丛书”中《如何带孩子在游学中学习美术》的撰写，在前人理论与实践之功的基础之上，撰写此书，一可以充实自身，二可以与专家探讨，三可以为儿童美术教育提供一些帮助。

近年，有关儿童美术方面的著作已出版不少，但在新时代关注并出版有关美术游学方面的著作不多，本书的出版也许能够填补这一空缺。当书稿接近尾声时，南京秋意正浓，枝丫上孤零零的几片依依不舍的叶子，更加让人觉得室内弥漫的书香四溢迷人。书稿得以顺利完成，期间得到侯令老师的指导，许多同行、朋友的指导与鼓励，家人和朋友的关心与支持，在这难表感恩之情。

笔者自知学养、能力不足，该书在立论高度、理论深度、论证程度等方面可能存在这样或那样的问题，敬请各位专家、读者垂阅、批评。

时光转眼即逝，其间的人生况味，甘苦自知，但读书的乐趣，笔者想那才是人生经历中最惬意的。感谢曾关心、帮助过我的老师、同事和朋友，感恩身边的万事万物。